ESTISCH

WOORDENSCHAT

THEMATISCHE WOORDENLIJST

NEDERLANDS ESTISCH

De meest bruikbare woorden
Om uw woordenschat uit te breiden en
uw taalvaardigheid aan te scherpen

3000 woorden

Thematische woordenschat Nederlands-Estisch - 3000 woorden
Door Andrey Taranov

Woordenlijsten van T&P Books zijn bedoeld om u woorden van een vreemde taal te helpen leren, onthouden, en bestudering. Dit woordenboek is ingedeeld in thema's en behandelt alle belangrijk terreinen van het dagelijkse leven, bedrijven, wetenschap, cultuur, etc.

Het proces van het leren van woorden met behulp van de op thema's gebaseerde aanpak van T&P Books biedt u de volgende voordelen:

- Correct gegroepeerde informatie is bepalend voor succes bij opeenvolgende stadia van het leren van woorden
- De beschikbaarheid van woorden die van dezelfde stam zijn maakt het mogelijk om woordgroepen te onthouden (in plaats van losse woorden)
- Kleine groepen van woorden faciliteren het proces van het aanmaken van associatieve verbindingen, die nodig zijn bij het consolideren van de woordenschat
- Het niveau van talenkennis kan worden ingeschat door het aantal geleerde woorden

T&P Books Publishing
www.tpbooks.com

ISBN: 978-1-78492-401-0

Dit boek is ook beschikbaar in e-boek formaat.
Gelieve www.tpbooks.com te bezoeken of de belangrijkste online boekwinkels.

ESTISCHE WOORDENSCHAT
nieuwe woorden leren

T&P Books woordenlijsten zijn bedoeld om u te helpen vreemde woorden te leren, te onthouden, en te bestuderen. De woordenschat bevat meer dan 3000 veel gebruikte woorden die thematisch geordend zijn.

- De woordenlijst bevat de meest gebruikte woorden
- Aanbevolen als aanvulling bij welke taalcursus dan ook
- Voldoet aan de behoeften van de beginnende en gevorderde student in vreemde talen
- Geschikt voor dagelijks gebruik, bestudering en zelftestactiviteiten
- Maakt het mogelijk om uw woordenschat te evalueren

Bijzondere kenmerken van de woordenschat

- De woorden zijn gerangschikt naar hun betekenis, niet volgens alfabet
- De woorden worden weergegeven in drie kolommen om bestudering en zelftesten te vergemakkelijken
- Woorden in groepen worden verdeeld in kleine blokken om het leerproces te vergemakkelijken
- De woordenschat biedt een handige en eenvoudige beschrijving van elk buitenlands woord

De woordenschat bevat 101 onderwerpen zoals:

Basisconcepten, getallen, kleuren, maanden, seizoenen, meeteenheden, kleding en accessoires, eten & voeding, restaurant, familieleden, verwanten, karakter, gevoelens, emoties, ziekten, stad, dorp, bezienswaardigheden, winkelen, geld, huis, thuis, kantoor, werken op kantoor, import & export, marketing, werk zoeken, sport, onderwijs, computer, internet, gereedschap, natuur, landen, nationaliteiten en meer ...

INHOUDSOPGAVE

UITSPRAAKGIDS

Letter	Estisch voorbeeld	T&P fonetisch alfabet	Nederlands voorbeeld

Klinkers

a	vana	[ɑ]	acht
aa	poutaa	[ɑ:]	maart
e	ema	[e]	delen, spreken
ee	Ameerika	[e:]	twee, ongeveer
i	ilus	[i]	bidden, tint
ii	viia	[i:]	team, portier
o	orav	[o]	overeenkomst
oo	antiloop	[o:]	rood, knoop
u	surma	[u]	hoed, doe
uu	arbuus	[u:]	fuut, uur
õ	võõras	[ɔʊ]	snowboard,
ä	pärn	[æ]	Nederlands Nedersaksisch - dät, Engels - cat
ö	köha	[ø]	neus, beu
ü	üks	[y]	fuut, uur

Medeklinkers

b	tablett	[b]	hebben
d	delfiin	[d]	Dank u, honderd
f	faasan	[f]	feestdag, informeren
g	flamingo	[g]	goal, tango
h	haamer	[h]	het, herhalen
j	harjumus	[j]	New York, januari
k	helikopter	[k]	kennen, kleur
l	ingel	[l]	delen, luchter
m	magnet	[m]	morgen, etmaal
n	nöör	[n]	nemen, zonder
p	poolsaar	[p]	parallel, koper
r	ripse	[r]	roepen, breken
s	sõprus	[s]	spreken, kosten
š	šotlane	[ʃ]	shampoo, machine
t	tantsima	[t]	tomaat, taart
v	pilves	[ʋ]	als in Noord-Nederlands - water
z	zookauplus	[z]	zeven, zesde
ž [1]	žonglöör	[ʒ]	garage, journalist, Engels - pleasure

Opmerkingen

[1] alleen in leenwoorden

AFKORTINGEN gebruikt in de woordenschat

Nederlandse afkortingen

abn	-	als bijvoeglijk naamwoord
bijv.	-	bijvoorbeeld
bn	-	bijvoeglijk naamwoord
bw	-	bijwoord
enk.	-	enkelvoud
enz.	-	enzovoort
form.	-	formele taal
inform.	-	informele taal
mann.	-	mannelijk
mil.	-	militair
mv.	-	meervoud
on.ww.	-	onovergankelijk werkwoord
ontelb.	-	ontelbaar
ov.	-	over
ov.ww.	-	overgankelijk werkwoord
telb.	-	telbaar
vn	-	voornaamwoord
vrouw.	-	vrouwelijk
vw	-	voegwoord
vz	-	voorzetsel
wisk.	-	wiskunde
ww	-	werkwoord

Nederlandse artikelen

de	-	gemeenschappelijk geslacht
de/het	-	gemeenschappelijk geslacht, onzijdig
het	-	onzijdig

BASISBEGRIPPEN

1. Voornaamwoorden

ik	**mina**	[mina]
jij, je	**sina**	[sina]
hij	**tema**	[tema]
zij, ze	**tema**	[tema]
het	**see**	[se:]
wij, we	**meie**	[meje]
jullie	**teie**	[teje]
zij, ze	**nemad**	[nemat]

2. Begroetingen. Begroetingen

Hallo! Dag!	**Tere!**	[tere!]
Hallo!	**Tere!**	[tere!]
Goedemorgen!	**Tere hommikust!**	[tere hommikusʲt!]
Goedemiddag!	**Tere päevast!**	[tere pæəʋasʲt!]
Goedenavond!	**Tere õhtust!**	[tere ɜhtusʲt!]
gedag zeggen (groeten)	**teretama**	[teretama]
Hoi!	**Tervist!**	[terʋisʲt!]
groeten (het)	**tervitus**	[terʋitus]
verwelkomen (ww)	**tervitama**	[terʋitama]
Hoe gaat het?	**Kuidas läheb?**	[kuidas lʲæheb?]
Is er nog nieuws?	**Mis uudist?**	[mis u:disʲt?]
Dag! Tot ziens!	**Nägemist!**	[nægemisʲt!]
Tot snel! Tot ziens!	**Kohtumiseni!**	[kohtumiseni!]
Vaarwel!	**Hüvasti!**	[hʉʋasʲti!]
afscheid nemen (ww)	**hüvasti jätma**	[hʉʋasʲti jætma]
Tot kijk!	**Hüva!**	[hʉʋa!]
Dank u!	**Aitäh!**	[aitæh!]
Dank u wel!	**Suur tänu!**	[su:r tænu!]
Graag gedaan	**Palun.**	[palun]
Geen dank!	**Pole tänu väärt.**	[pole tænu ʋæ:rt]
Geen moeite.	**Pole tänu väärt.**	[pole tænu ʋæ:rt]
Excuseer me, ... (inform.)	**Vabanda!**	[ʋabanda!]
Excuseer me, ... (form.)	**Vabandage!**	[ʋabandage!]
excuseren (verontschuldigen)	**vabandama**	[ʋabandama]
zich verontschuldigen	**vabandama**	[ʋabandama]
Mijn excuses.	**Minu kaastunne**	[minu ka:sʲtunne]

Het spijt me!	**Andke andeks!**	[andke andeks!]
vergeven (ww)	**andeks andma**	[andeks andma]
Maakt niet uit!	**Pole hullu!**	[pole hulʲu]
alsjeblieft	**palun**	[palun]
Vergeet het niet!	**Pidage meeles!**	[pidage me:les!]
Natuurlijk!	**Muidugi!**	[mujdugi!]
Natuurlijk niet!	**Muidugi mitte!**	[mujdugi mitte!]
Akkoord!	**Ma olen nõus!**	[ma olen nɜus!]
Zo is het genoeg!	**Aitab küll!**	[aitab kʉlʲ!]

3. Vragen

Wie?	**Kes?**	[kes?]
Wat?	**Mis?**	[mis?]
Waar?	**Kus?**	[kus?]
Waarheen?	**Kuhu?**	[kuhu?]
Waar ... vandaan?	**Kust?**	[kusʲt?]
Wanneer?	**Millal?**	[milʲæl?]
Waarom?	**Milleks?**	[milʲeks?]
Waarom?	**Miks?**	[miks?]
Waarvoor dan ook?	**Mille jaoks?**	[milʲe jaoks?]
Hoe?	**Kuidas?**	[kuidas?]
Wat voor ...?	**Missugune?**	[missugune?]
Welk?	**Mis?**	[mis?]
Aan wie?	**Kellele?**	[kelʲele?]
Over wie?	**Kellest?**	[kelʲesʲt?]
Waarover?	**Millest?**	[milʲesʲt?]
Met wie?	**Kellega?**	[kelʲega?]
Hoeveel? (ontelb.)	**Kui palju?**	[kui palju?]
Van wie?	**Kelle?**	[kelʲe?]

4. Voorzetsels

met (bijv. ~ beleg)	**koos**	[ko:s]
zonder (~ accent)	**ilma**	[ilʲma]
naar (in de richting van)	**sisse**	[sisse]
over (praten ~)	**kohta**	[kohta]
voor (in tijd)	**enne**	[enne]
voor (aan de voorkant)	**ees**	[e:s]
onder (lager dan)	**all**	[alʲ]
boven (hoger dan)	**kohal**	[kohalʲ]
op (bovenop)	**peal**	[pealʲ]
van (uit, afkomstig van)	**seest**	[se:sʲt]
van (gemaakt van)	**millest tehtud**	[milʲesʲt tehtut]
over (bijv. ~ een uur)	**pärast**	[pærasʲt]
over (over de bovenkant)	**läbi**	[lʲæbi]

5. Functiewoorden. Bijwoorden. Deel 1

Waar?	**Kus?**	[kus?]
hier (bw)	**siin**	[si:n]
daar (bw)	**seal**	[sealʲ]
ergens (bw)	**kuskil**	[kuskilʲ]
nergens (bw)	**mitte kuskil**	[mitte kuskilʲ]
bij ... (in de buurt)	**juures**	[ju:res]
bij het raam	**akna juures**	[akna ju:res]
Waarheen?	**Kuhu?**	[kuhu?]
hierheen (bw)	**siia**	[si:a]
daarheen (bw)	**sinna**	[sinna]
hiervandaan (bw)	**siit**	[si:t]
daarvandaan (bw)	**sealt**	[sealʲt]
dichtbij (bw)	**lähedal**	[lʲæhedalʲ]
ver (bw)	**kaugel**	[kaugelʲ]
in de buurt (van ...)	**kõrval**	[kɜrʊalʲ]
vlakbij (bw)	**lähedal**	[lʲæhedalʲ]
niet ver (bw)	**lähedale**	[lʲæhedale]
linker (bn)	**vasak**	[ʊasak]
links (bw)	**vasakul**	[ʊasakulʲ]
linksaf, naar links (bw)	**vasakule**	[ʊasakule]
rechter (bn)	**parem**	[parem]
rechts (bw)	**paremal**	[paremalʲ]
rechtsaf, naar rechts (bw)	**paremale**	[paremale]
vooraan (bw)	**eest**	[e:sʲt]
voorste (bn)	**eesmine**	[e:smine]
vooruit (bw)	**edasi**	[edasi]
achter (bw)	**taga**	[taga]
van achteren (bw)	**tagant**	[tagant]
achteruit (naar achteren)	**tagasi**	[tagasi]
midden (het)	**keskkoht**	[keskkoht]
in het midden (bw)	**keskel**	[keskelʲ]
opzij (bw)	**kõrvalt**	[kɜrʊalʲt]
overal (bw)	**igal pool**	[igalʲ po:lʲ]
omheen (bw)	**ümberringi**	[ʉmberringi]
binnenuit (bw)	**seest**	[se:sʲt]
naar ergens (bw)	**kuhugi**	[kuhugi]
rechtdoor (bw)	**otse**	[otse]
terug (bijv. ~ komen)	**tagasi**	[tagasi]
ergens vandaan (bw)	**kuskilt**	[kuskilʲt]
ergens vandaan (en dit geld moet ~ komen)	**kuskilt**	[kuskilʲt]

ten eerste (bw)	**esiteks**	[esiteks]
ten tweede (bw)	**teiseks**	[tejseks]
ten derde (bw)	**kolmandaks**	[kolʲmandaks]
plotseling (bw)	**äkki**	[ækki]
in het begin (bw)	**alguses**	[alʲguses]
voor de eerste keer (bw)	**esimest korda**	[esimesʲt korda]
lang voor … (bw)	**enne …**	[enne …]
opnieuw (bw)	**uuesti**	[u:esʲti]
voor eeuwig (bw)	**päriseks**	[pæriseks]
nooit (bw)	**mitte kunagi**	[mitte kunagi]
weer (bw)	**jälle**	[jælʲe]
nu (bw)	**nüüd**	[nʉ:t]
vaak (bw)	**sageli**	[sageli]
toen (bw)	**siis**	[si:s]
urgent (bw)	**kiiresti**	[ki:resʲti]
meestal (bw)	**tavaliselt**	[taʋaliselʲt]
trouwens, … (tussen haakjes)	**muuseas, …**	[mu:seas, …]
mogelijk (bw)	**võimalik**	[ʋɜimalik]
waarschijnlijk (bw)	**tõenäoliselt**	[tɜenæoliselʲt]
misschien (bw)	**võib olla**	[ʋɜib olʲæ]
trouwens (bw)	**peale selle …**	[peale selʲe …]
daarom …	**sellepärast**	[selʲepærasʲt]
in weerwil van …	**… vaatamata**	[… ʋa:tamata]
dankzij …	**tänu …**	[tænu …]
wat (vn)	**mis**	[mis]
dat (vw)	**et**	[et]
iets (vn)	**miski**	[miski]
iets	**miski**	[miski]
niets (vn)	**mitte midagi**	[mitte midagi]
wie (~ is daar?)	**kes**	[kes]
iemand (een onbekende)	**keegi**	[ke:gi]
iemand (een bepaald persoon)	**keegi**	[ke:gi]
niemand (vn)	**mitte keegi**	[mitte ke:gi]
nergens (bw)	**mitte kuhugi**	[mitte kuhugi]
niemands (bn)	**ei kellegi oma**	[ej kelʲegi oma]
iemands (bn)	**kellegi oma**	[kelʲegi oma]
zo (Ik ben ~ blij)	**nii**	[ni:]
ook (evenals)	**samuti**	[samuti]
alsook (eveneens)	**ka**	[ka]

6. Functiewoorden. Bijwoorden. Deel 2

Waarom?	**Miks?**	[miks?]
om een bepaalde reden	**millegi pärast**	[milʲegi pærasʲt]
omdat …	**sest …**	[sesʲt …]

voor een bepaald doel	**millekski**	[milʲekski]
en (vw)	**ja**	[ja]
of (vw)	**või**	[ʋɜi]
maar (vw)	**kuid**	[kuit]
voor (vz)	**jaoks**	[jaoks]
te (~ veel mensen)	**liiga**	[li:ga]
alleen (bw)	**ainult**	[ainulʲt]
precies (bw)	**täpselt**	[tæpselʲt]
ongeveer (~ 10 kg)	**umbes**	[umbes]
omstreeks (bw)	**ligikaudu**	[ligikaudu]
bij benadering (bn)	**ligikaudne**	[ligikaudne]
bijna (bw)	**peaaegu**	[pea:egu]
rest (de)	**ülejäänud**	[ʉlejæ:nut]
de andere (tweede)	**teine**	[tejne]
ander (bn)	**teiste**	[tejsʲte]
elk (bn)	**iga**	[iga]
om het even welk	**mis tahes**	[mis tahes]
veel (grote hoeveelheid)	**palju**	[palju]
veel mensen	**paljud**	[paljut]
iedereen (alle personen)	**kõik**	[kɜik]
in ruil voor ...	**... vastu**	[... ʋasʲtu]
in ruil (bw)	**asemele**	[asemele]
met de hand (bw)	**käsitsi**	[kæsitsi]
onwaarschijnlijk (bw)	**vaevalt**	[ʋaeʋalʲt]
waarschijnlijk (bw)	**vist**	[ʋisʲt]
met opzet (bw)	**meelega**	[me:lega]
toevallig (bw)	**juhuslikult**	[juhuslikulʲt]
zeer (bw)	**väga**	[ʋæga]
bijvoorbeeld (bw)	**näiteks**	[næjteks]
tussen (~ twee steden)	**vahel**	[ʋahelʲ]
tussen (te midden van)	**keskel**	[keskelʲ]
zoveel (bw)	**niipalju**	[ni:palju]
vooral (bw)	**eriti**	[eriti]

GETALLEN. DIVERSEN

7. Kardinale getallen. Deel 1

nul	**null**	[nulʲ]
een	**üks**	[ʉks]
twee	**kaks**	[kaks]
drie	**kolm**	[kolʲm]
vier	**neli**	[neli]
vijf	**viis**	[ʋi:s]
zes	**kuus**	[ku:s]
zeven	**seitse**	[sejtse]
acht	**kaheksa**	[kaheksa]
negen	**üheksa**	[ʉheksa]
tien	**kümme**	[kʉmme]
elf	**üksteist**	[ʉksʲtejsʲt]
twaalf	**kaksteist**	[kaksʲtejsʲt]
dertien	**kolmteist**	[kolʲmtejsʲt]
veertien	**neliteist**	[nelitejsʲt]
vijftien	**viisteist**	[ʋi:sʲtejsʲt]
zestien	**kuusteist**	[ku:sʲtejsʲt]
zeventien	**seitseteist**	[sejtsetejsʲt]
achttien	**kaheksateist**	[kaheksatejsʲt]
negentien	**üheksateist**	[ʉheksatejsʲt]
twintig	**kakskümmend**	[kakskʉmment]
eenentwintig	**kakskümmend üks**	[kakskʉmment ʉks]
tweeëntwintig	**kakskümmend kaks**	[kakskʉmment kaks]
drieëntwintig	**kakskümmend kolm**	[kakskʉmment kolʲm]
dertig	**kolmkümmend**	[kolʲmkʉmment]
eenendertig	**kolmkümmend üks**	[kolʲmkʉmment ʉks]
tweeëndertig	**kolmkümmend kaks**	[kolʲmkʉmment kaks]
drieëndertig	**kolmkümmend kolm**	[kolʲmkʉmment kolʲm]
veertig	**nelikümmend**	[nelikʉmment]
eenenveertig	**nelikümmend üks**	[nelikʉmment ʉks]
tweeënveertig	**nelikümmend kaks**	[nelikʉmment kaks]
drieënveertig	**nelikümmend kolm**	[nelikʉmment kolʲm]
vijftig	**viiskümmend**	[ʋi:skʉmment]
eenenvijftig	**viiskümmend üks**	[ʋi:skʉmment ʉks]
tweeënvijftig	**viiskümmend kaks**	[ʋi:skʉmment kaks]
drieënvijftig	**viiskümmend kolm**	[ʋi:skʉmment kolʲm]
zestig	**kuuskümmend**	[ku:skʉmment]
eenenzestig	**kuuskümmend üks**	[ku:skʉmment ʉks]

tweeënzestig	**kuuskümmend kaks**	[ku:skʉmment kaks]
drieënzestig	**kuuskümmend kolm**	[ku:skʉmment kolʲm]
zeventig	**seitsekümmend**	[sejtsekʉmment]
eenenzeventig	**seitsekümmend üks**	[sejtsekʉmment ʉks]
tweeënzeventig	**seitsekümmend kaks**	[sejtsekʉmment kaks]
drieënzeventig	**seitsekümmend kolm**	[sejtsekʉmment kolʲm]
tachtig	**kaheksakümmend**	[kaheksakʉmment]
eenentachtig	**kaheksakümmend üks**	[kaheksakʉmment ʉks]
tweeëntachtig	**kaheksakümmend kaks**	[kaheksakʉmment kaks]
drieëntachtig	**kaheksakümmend kolm**	[kaheksakʉmment kolʲm]
negentig	**üheksakümmend**	[ʉheksakʉmment]
eenennegentig	**üheksakümmend üks**	[ʉheksakʉmment ʉks]
tweeënnegentig	**üheksakümmend kaks**	[ʉheksakʉmment kaks]
drieënnegentig	**üheksakümmend kolm**	[ʉheksakʉmment kolʲm]

8. Kardinale getallen. Deel 2

honderd	**sada**	[sada]
tweehonderd	**kakssada**	[kakssada]
driehonderd	**kolmsada**	[kolʲmsada]
vierhonderd	**nelisada**	[nelisada]
vijfhonderd	**viissada**	[ʋi:ssada]
zeshonderd	**kuussada**	[ku:ssada]
zevenhonderd	**seitsesada**	[sejtsesada]
achthonderd	**kaheksasada**	[kaheksasada]
negenhonderd	**üheksasada**	[ʉheksasada]
duizend	**tuhat**	[tuhat]
tweeduizend	**kaks tuhat**	[kaks tuhat]
drieduizend	**kolm tuhat**	[kolʲm tuhat]
tienduizend	**kümme tuhat**	[kʉmme tuhat]
honderdduizend	**sada tuhat**	[sada tuhat]
miljoen (het)	**miljon**	[miljon]
miljard (het)	**miljard**	[miljart]

9. Ordinale getallen

eerste (bn)	**esimene**	[esimene]
tweede (bn)	**teine**	[tejne]
derde (bn)	**kolmas**	[kolʲmas]
vierde (bn)	**neljas**	[neljas]
vijfde (bn)	**viies**	[ʋi:es]
zesde (bn)	**kuues**	[ku:es]
zevende (bn)	**seitsmes**	[sejtsmes]
achtste (bn)	**kaheksas**	[kaheksas]
negende (bn)	**üheksas**	[ʉheksas]
tiende (bn)	**kümnes**	[kʉmnes]

KLEUREN. MEETEENHEDEN

10. Kleuren

kleur (de)	**värv**	[ʋæruʋ]
tint (de)	**varjund**	[ʋarjunt]
kleurnuance (de)	**toon**	[to:n]
regenboog (de)	**vikerkaar**	[ʋikerka:r]
wit (bn)	**valge**	[ʋalʲge]
zwart (bn)	**must**	[musʲt]
grijs (bn)	**hall**	[halʲ]
groen (bn)	**roheline**	[roheline]
geel (bn)	**kollane**	[kolʲæne]
rood (bn)	**punane**	[punane]
blauw (bn)	**sinine**	[sinine]
lichtblauw (bn)	**helesinine**	[helesinine]
roze (bn)	**roosa**	[ro:sa]
oranje (bn)	**oranž**	[oranʒ]
violet (bn)	**violetne**	[ʋioletne]
bruin (bn)	**pruun**	[pru:n]
goud (bn)	**kuldne**	[kulʲdne]
zilverkleurig (bn)	**hõbedane**	[hɜbedane]
beige (bn)	**beež**	[be:ʒ]
roomkleurig (bn)	**kreemjas**	[kre:mjas]
turkoois (bn)	**türkiissinine**	[tʉrki:ssinine]
kersrood (bn)	**kirsipunane**	[kirsipunane]
lila (bn)	**lilla**	[lilʲæ]
karmijnrood (bn)	**vaarikpunane**	[ʋa:rikpunane]
licht (bn)	**hele**	[hele]
donker (bn)	**tume**	[tume]
fel (bn)	**erk**	[erk]
kleur-, kleurig (bn)	**värvipliiats**	[ʋæruʋipli:ats]
kleuren- (abn)	**värvi-**	[ʋæruʋi-]
zwart-wit (bn)	**must-valge**	[musʲt-ʋalʲge]
eenkleurig (bn)	**ühevärviline**	[ʉheʋæruʋiline]
veelkleurig (bn)	**mitmevärviline**	[mitmeʋæruʋiline]

11. Meeteenheden

gewicht (het)	**kaal**	[ka:lʲ]
lengte (de)	**pikkus**	[pikkus]

breedte (de)	**laius**	[laius]
hoogte (de)	**kõrgus**	[kɜrgus]
diepte (de)	**sügavus**	[sʉgaʊus]
volume (het)	**maht**	[maht]
oppervlakte (de)	**pindala**	[pindala]
gram (het)	**gramm**	[gramm]
milligram (het)	**milligramm**	[milʲigramm]
kilogram (het)	**kilogramm**	[kilogramm]
ton (duizend kilo)	**tonn**	[tonn]
pond (het)	**nael**	[naelʲ]
ons (het)	**unts**	[unts]
meter (de)	**meeter**	[me:ter]
millimeter (de)	**millimeeter**	[milʲime:ter]
centimeter (de)	**sentimeeter**	[sentime:ter]
kilometer (de)	**kilomeeter**	[kilome:ter]
mijl (de)	**miil**	[mi:lʲ]
duim (de)	**toll**	[tolʲ]
voet (de)	**jalg**	[jalʲg]
yard (de)	**jard**	[jart]
vierkante meter (de)	**ruutmeeter**	[ru:tme:ter]
hectare (de)	**hektar**	[hektar]
liter (de)	**liiter**	[li:ter]
graad (de)	**kraad**	[kra:t]
volt (de)	**volt**	[ʊolʲt]
ampère (de)	**amper**	[amper]
paardenkracht (de)	**hobujõud**	[hobujɜut]
hoeveelheid (de)	**hulk**	[hulʲk]
een beetje ...	**veidi ...**	[ʊejdi ...]
helft (de)	**pool**	[po:lʲ]
dozijn (het)	**tosin**	[tosin]
stuk (het)	**tükk**	[tʉkk]
afmeting (de)	**suurus**	[su:rus]
schaal (bijv. ~ van 1 op 50)	**mastaap**	[masʲta:p]
minimaal (bn)	**minimaalne**	[minima:lʲne]
minste (bn)	**kõige väiksem**	[kɜige ʊæjksem]
medium (bn)	**keskmine**	[keskmine]
maximaal (bn)	**maksimaalne**	[maksima:lʲne]
grootste (bn)	**kõige suurem**	[kɜige su:rem]

12. Containers

glazen pot (de)	**klaaspurk**	[kla:spurk]
blik (conserven~)	**plekkpurk**	[plekkpurk]
emmer (de)	**ämber**	[æmber]
ton (bijv. regenton)	**tünn**	[tʉnn]
ronde waterbak (de)	**pesukauss**	[pesukauss]

tank (bijv. watertank-70-ltr)	**paak**	[pa:k]
heupfles (de)	**plasku**	[plasku]
jerrycan (de)	**kanister**	[kanisʲter]
tank (bijv. ketelwagen)	**tsistern**	[tsisʲtern]
beker (de)	**kruus**	[kru:s]
kopje (het)	**tass**	[tass]
schoteltje (het)	**alustass**	[alusʲtass]
glas (het)	**klaas**	[kla:s]
wijnglas (het)	**veiniklaas**	[ʋejnikla:s]
steelpan (de)	**pott**	[pott]
fles (de)	**pudel**	[pudelʲ]
flessenhals (de)	**pudelikael**	[pudelikaelʲ]
karaf (de)	**karahvin**	[karahʋin]
kruik (de)	**kann**	[kann]
vat (het)	**nõu**	[nɜu]
pot (de)	**pott**	[pott]
vaas (de)	**vaas**	[ʋa:s]
flacon (de)	**pudel**	[pudelʲ]
flesje (het)	**rohupudel**	[rohupudelʲ]
tube (bijv. ~ tandpasta)	**tuub**	[tu:b]
zak (bijv. ~ aardappelen)	**kott**	[kott]
tasje (het)	**kilekott**	[kilekott]
pakje (~ sigaretten, enz.)	**pakk**	[pakk]
doos (de)	**karp**	[karp]
kist (de)	**kast**	[kasʲt]
mand (de)	**korv**	[korʋ]

BELANGRIJKSTE WERKWOORDEN

13. De belangrijkste werkwoorden. Deel 1

aanbevelen (ww)	**soovitama**	[so:ʋitama]
aandringen (ww)	**nõudma**	[nɜudma]
aankomen (per auto, enz.)	**saabuma**	[sa:buma]
aanraken (ww)	**puudutama**	[pu:dutama]
adviseren (ww)	**soovitama**	[so:ʋitama]
afdalen (on.ww.)	**laskuma**	[laskuma]
afslaan (naar rechts ~)	**pöörama**	[pø:rama]
antwoorden (ww)	**vastama**	[ʋasʲtama]
bang zijn (ww)	**kartma**	[kartma]
bedreigen (bijv. met een pistool)	**ähvardama**	[æhʋardama]
bedriegen (ww)	**petma**	[petma]
beëindigen (ww)	**lõpetama**	[lɜpetama]
beginnen (ww)	**alustama**	[alusʲtama]
begrijpen (ww)	**aru saama**	[aru sa:ma]
beheren (managen)	**juhtima**	[juhtima]
beledigen (met scheldwoorden)	**solvama**	[solʲʋama]
beloven (ww)	**lubama**	[lubama]
bereiden (koken)	**süüa tegema**	[sʉ:a tegema]
bespreken (spreken over)	**arutama**	[arutama]
bestellen (eten ~)	**tellima**	[telʲima]
bestraffen (een stout kind ~)	**karistama**	[karisʲtama]
betalen (ww)	**maksma**	[maksma]
betekenen (beduiden)	**tähendama**	[tæhendama]
betreuren (ww)	**kahetsema**	[kahetsema]
bevallen (prettig vinden)	**meeldima**	[me:lʲdima]
bevelen (mil.)	**käskima**	[kæskima]
bevrijden (stad, enz.)	**vabastama**	[ʋabasʲtama]
bewaren (ww)	**säilitama**	[sæjlitama]
bezitten (ww)	**valdama**	[ʋalʲdama]
bidden (praten met God)	**palvetama**	[palʲʋetama]
binnengaan (een kamer ~)	**sisse tulema**	[sisse tulema]
breken (ww)	**murdma**	[murdma]
controleren (ww)	**kontrollima**	[kontrolʲima]
creëren (ww)	**looma**	[lo:ma]
deelnemen (ww)	**osa võtma**	[osa ʋɜtma]
denken (ww)	**mõtlema**	[mɜtlema]
doden (ww)	**tapma**	[tapma]

doen (ww)	**tegema**	[tegema]
dorst hebben (ww)	**juua tahtma**	[ju:a tahtma]

14. De belangrijkste werkwoorden. Deel 2

een hint geven	**vihjama**	[ʋihjama]
eisen (met klem vragen)	**nõudma**	[nɜudma]
excuseren (vergeven)	**vabandama**	[ʋabandama]
existeren (bestaan)	**olemas olema**	[olemas olema]
gaan (te voet)	**minema**	[minema]
gaan zitten (ww)	**istuma**	[isʲtuma]
gaan zwemmen	**suplema**	[suplema]
geven (ww)	**andma**	[andma]
glimlachen (ww)	**naeratama**	[naeratama]
goed raden (ww)	**ära arvama**	[æra arʋama]
grappen maken (ww)	**nalja tegema**	[nalja tegema]
graven (ww)	**kaevama**	[kaeʋama]
hebben (ww)	**omama**	[omama]
helpen (ww)	**aitama**	[aitama]
herhalen (opnieuw zeggen)	**kordama**	[kordama]
honger hebben (ww)	**süüa tahtma**	[sʉ:a tahtma]
hopen (ww)	**lootma**	[lo:tma]
horen (waarnemen met het oor)	**kuulma**	[ku:lʲma]
huilen (wenen)	**nutma**	[nutma]
huren (huis, kamer)	**üürima**	[ʉ:rima]
informeren (informatie geven)	**teavitama**	[teaʋitama]
instemmen (akkoord gaan)	**nõustuma**	[nɜusʲtuma]
jagen (ww)	**jahil käima**	[jahilʲ kæjma]
kennen (kennis hebben van iemand)	**tundma**	[tundma]
kiezen (ww)	**valima**	[ʋalima]
klagen (ww)	**kaebama**	[kaebama]
kosten (ww)	**maksma**	[maksma]
kunnen (ww)	**võima**	[ʋɜima]
lachen (ww)	**naerma**	[naerma]
laten vallen (ww)	**pillama**	[pilʲæma]
lezen (ww)	**lugema**	[lugema]
liefhebben (ww)	**armastama**	[armasʲtama]
lunchen (ww)	**lõunat sööma**	[lɜunat sø:ma]
nemen (ww)	**võtma**	[ʋɜtma]
nodig zijn (ww)	**tarvis olema**	[tarʋis olema]

15. De belangrijkste werkwoorden. Deel 3

onderschatten (ww)	**alahindama**	[alahindama]
ondertekenen (ww)	**allkirjastama**	[alʲkirjasʲtama]

ontbijten (ww)	**hommikust sööma**	[hommikusʲt sø:ma]
openen (ww)	**lahti tegema**	[lahti tegema]
ophouden (ww)	**katkestama**	[katkesʲtama]
opmerken (zien)	**märkama**	[mærkama]
opscheppen (ww)	**kiitlema**	[ki:tlema]
opschrijven (ww)	**üles kirjutama**	[ʉles kirjutama]
plannen (ww)	**planeerima**	[plane:rima]
prefereren (verkiezen)	**eelistama**	[e:lisʲtama]
proberen (trachten)	**proovima**	[pro:ʋima]
redden (ww)	**päästma**	[pæ:sʲtma]
rekenen op ...	**lootma ...**	[lo:tma ...]
rennen (ww)	**jooksma**	[jo:ksma]
reserveren (een hotelkamer ~)	**reserveerima**	[reserʋe:rima]
roepen (om hulp)	**kutsuma**	[kutsuma]
schieten (ww)	**tulistama**	[tulisʲtama]
schreeuwen (ww)	**karjuma**	[karjuma]
schrijven (ww)	**kirjutama**	[kirjutama]
souperen (ww)	**õhtust sööma**	[ɜhtusʲt sø:ma]
spelen (kinderen)	**mängima**	[mængima]
spreken (ww)	**rääkima**	[ræ:kima]
stelen (ww)	**varastama**	[ʋarasʲtama]
stoppen (pauzeren)	**peatuma**	[peatuma]
studeren (Nederlands ~)	**uurima**	[u:rima]
sturen (zenden)	**saatma**	[sa:tma]
tellen (optellen)	**lugema**	[lugema]
toebehoren ...	**kuuluma**	[ku:luma]
toestaan (ww)	**lubama**	[lubama]
tonen (ww)	**näitama**	[næjtama]
twijfelen (onzeker zijn)	**kahtlema**	[kahtlema]
uitgaan (ww)	**välja tulema**	[ʋælja tulema]
uitnodigen (ww)	**kutsuma**	[kutsuma]
uitspreken (ww)	**hääldama**	[hæ:lʲdama]
uitvaren tegen (ww)	**sõimama**	[sɜimama]

16. De belangrijkste werkwoorden. Deel 4

vallen (ww)	**kukkuma**	[kukkuma]
vangen (ww)	**püüdma**	[pʉ:dma]
veranderen (anders maken)	**muutma**	[mu:tma]
verbaasd zijn (ww)	**imestama**	[imesʲtama]
verbergen (ww)	**peitma**	[pejtma]
verdedigen (je land ~)	**kaitsma**	[kaitsma]
verenigen (ww)	**ühendama**	[ʉhendama]
vergelijken (ww)	**võrdlema**	[ʋɜrtlema]
vergeten (ww)	**unustama**	[unusʲtama]
vergeven (ww)	**andeks andma**	[andeks andma]
verklaren (uitleggen)	**seletama**	[seletama]

verkopen (per stuk ~)	**müüma**	[mʉ:ma]
vermelden (praten over)	**meelde tuletama**	[me:lʲde tuletama]
versieren (decoreren)	**ehtima**	[ehtima]
vertalen (ww)	**tõlkima**	[tɜlʲkima]
vertrouwen (ww)	**usaldama**	[usalʲdama]
vervolgen (ww)	**jätkama**	[jætkama]
verwarren (met elkaar ~)	**segi ajama**	[segi ajama]
verzoeken (ww)	**paluma**	[paluma]
verzuimen (school, enz.)	**puuduma**	[pu:duma]
vinden (ww)	**leidma**	[lejdma]
vliegen (ww)	**lendama**	[lendama]
volgen (ww)	**järgnema ...**	[jærgnema ...]
voorstellen (ww)	**pakkuma**	[pakkuma]
voorzien (verwachten)	**ette nägema**	[ette nægema]
vragen (ww)	**küsima**	[kʉsima]
waarnemen (ww)	**jälgima**	[jælʲgima]
waarschuwen (ww)	**hoiatama**	[hojatama]
wachten (ww)	**ootama**	[o:tama]
weerspreken (ww)	**vastu vaidlema**	[ʋasʲtu ʋaitlema]
weigeren (ww)	**keelduma**	[ke:lʲduma]
werken (ww)	**töötama**	[tø:tama]
weten (ww)	**teadma**	[teadma]
willen (verlangen)	**tahtma**	[tahtma]
zeggen (ww)	**ütlema**	[ʉtlema]
zich haasten (ww)	**kiirustama**	[ki:rusʲtama]
zich interesseren voor ...	**huvi tundma**	[huʋi tundma]
zich vergissen (ww)	**eksima**	[eksima]
zich verontschuldigen	**vabandama**	[ʋabandama]
zien (ww)	**nägema**	[nægema]
zoeken (ww)	**otsima ...**	[otsima ...]
zwemmen (ww)	**ujuma**	[ujuma]
zwijgen (ww)	**vaikima**	[ʋaikima]

TIJD. KALENDER

17. Dagen van de week

maandag (de)	**esmaspäev**	[esmaspæəʊ]
dinsdag (de)	**teisipäev**	[tejsipæəʊ]
woensdag (de)	**kolmapäev**	[kolʲmapæəʊ]
donderdag (de)	**neljapäev**	[neljapæəʊ]
vrijdag (de)	**reede**	[re:de]
zaterdag (de)	**laupäev**	[laupæəʊ]
zondag (de)	**pühapäev**	[pʉhapæəʊ]
vandaag (bw)	**täna**	[tæna]
morgen (bw)	**homme**	[homme]
overmorgen (bw)	**ülehomme**	[ʉlehomme]
gisteren (bw)	**eile**	[ejle]
eergisteren (bw)	**üleeile**	[ʉle:jle]
dag (de)	**päev**	[pæəʊ]
werkdag (de)	**tööpäev**	[tø:pæəʊ]
feestdag (de)	**pidupäev**	[pidupæəʊ]
verlofdag (de)	**puhkepäev**	[puhkepæəʊ]
weekend (het)	**nädalavahetus**	[nædalaʊahetus]
de hele dag (bw)	**terve päev**	[terʊe pæəʊ]
de volgende dag (bw)	**järgmiseks päevaks**	[jærgmiseks pæəʊaks]
twee dagen geleden	**kaks päeva tagasi**	[kaks pæəʊa tagasi]
aan de vooravond (bw)	**eile õhtul**	[ejle ɜhtulʲ]
dag-, dagelijks (bn)	**igapäevane**	[igapæəʊane]
elke dag (bw)	**iga päev**	[iga pæəʊ]
week (de)	**nädal**	[nædalʲ]
vorige week (bw)	**möödunud nädalal**	[mø:dunut nædalalʲ]
volgende week (bw)	**järgmisel nädalal**	[jærgmiselʲ nædalalʲ]
wekelijks (bn)	**iganädalane**	[iganædalane]
elke week (bw)	**igal nädalal**	[igalʲ nædalalʲ]
twee keer per week	**kaks korda nädalas**	[kaks korda nædalas]
elke dinsdag	**igal teisipäeval**	[igalʲ tejsipæəʊalʲ]

18. Uren. Dag en nacht

morgen (de)	**hommik**	[hommik]
's morgens (bw)	**hommikul**	[hommikulʲ]
middag (de)	**keskpäev**	[keskpæəʊ]
's middags (bw)	**pärast lõunat**	[pærasʲt lɜunat]
avond (de)	**õhtu**	[ɜhtu]
's avonds (bw)	**õhtul**	[ɜhtulʲ]

nacht (de)	**öö**	[ø:]
's nachts (bw)	**öösel**	[ø:selʲ]
middernacht (de)	**kesköö**	[keskø:]
seconde (de)	**sekund**	[sekunt]
minuut (de)	**minut**	[minut]
uur (het)	**tund**	[tunt]
halfuur (het)	**pool tundi**	[po:lʲ tundi]
kwartier (het)	**veerand tundi**	[ʋe:rant tundi]
vijftien minuten	**viisteist minutit**	[ʋi:sʲtejsʲt minutit]
etmaal (het)	**ööpäev**	[ø:pæəʋ]
zonsopgang (de)	**päikesetõus**	[pæjkesetɜus]
dageraad (de)	**koit**	[kojt]
vroege morgen (de)	**varahommik**	[ʋarahommik]
zonsondergang (de)	**loojang**	[lo:jang]
's morgens vroeg (bw)	**hommikul vara**	[hommikulʲ ʋara]
vanmorgen (bw)	**täna hommikul**	[tæna hommikulʲ]
morgenochtend (bw)	**homme hommikul**	[homme hommikulʲ]
vanmiddag (bw)	**täna päeval**	[tæna pæəʋalʲ]
's middags (bw)	**pärast lõunat**	[pærasʲt lɜunat]
morgenmiddag (bw)	**homme pärast lõunat**	[homme pærasʲt lɜunat]
vanavond (bw)	**täna õhtul**	[tæna ɜhtulʲ]
morgenavond (bw)	**homme õhtul**	[homme ɜhtulʲ]
klokslag drie uur	**täpselt kell kolm**	[tæpselʲt kelʲ kolʲm]
ongeveer vier uur	**umbes kell neli**	[umbes kelʲ neli]
tegen twaalf uur	**kella kaheteistkümneks**	[kelʲæ kahetejsʲtkʉmneks]
over twintig minuten	**kahekümne minuti pärast**	[kahekʉmne minuti pærasʲt]
over een uur	**tunni aja pärast**	[tunni aja pærasʲt]
op tijd (bw)	**õigeks ajaks**	[ɜigeks ajaks]
kwart voor ...	**kolmveerand**	[kolʲmʋe:rant]
binnen een uur	**tunni aja jooksul**	[tunni aja jo:ksulʲ]
elk kwartier	**iga viieteist minuti tagant**	[iga ʋi:etejsʲt minuti tagant]
de klok rond	**terve ööpäev**	[terʋe ø:pæəʋ]

19. Maanden. Seizoenen

januari (de)	**jaanuar**	[ja:nuar]
februari (de)	**veebruar**	[ʋe:bruar]
maart (de)	**märts**	[mærts]
april (de)	**aprill**	[aprilʲ]
mei (de)	**mai**	[mai]
juni (de)	**juuni**	[ju:ni]
juli (de)	**juuli**	[ju:li]
augustus (de)	**august**	[augusʲt]
september (de)	**september**	[september]
oktober (de)	**oktoober**	[okto:ber]

november (de)	**november**	[noʋember]
december (de)	**detsember**	[detsember]
lente (de)	**kevad**	[keʋat]
in de lente (bw)	**kevadel**	[keʋadelʲ]
lente- (abn)	**kevadine**	[keʋadine]
zomer (de)	**suvi**	[suʋi]
in de zomer (bw)	**suvel**	[suʋelʲ]
zomer-, zomers (bn)	**suvine**	[suʋine]
herfst (de)	**sügis**	[sʉgis]
in de herfst (bw)	**sügisel**	[sʉgiselʲ]
herfst- (abn)	**sügisene**	[sʉgisene]
winter (de)	**talv**	[talʲʋ]
in de winter (bw)	**talvel**	[talʲʋelʲ]
winter- (abn)	**talvine**	[talʲʋine]
maand (de)	**kuu**	[ku:]
deze maand (bw)	**selles kuus**	[selʲes ku:s]
volgende maand (bw)	**järgmises kuus**	[jærgmises ku:s]
vorige maand (bw)	**möödunud kuus**	[mø:dunut ku:s]
een maand geleden (bw)	**kuu aega tagasi**	[ku: aega tagasi]
over een maand (bw)	**kuu aja pärast**	[ku: aja pærasʲt]
over twee maanden (bw)	**kahe kuu pärast**	[kahe ku: pærasʲt]
de hele maand (bw)	**terve kuu**	[terʋe ku:]
een volle maand (bw)	**terve kuu**	[terʋe ku:]
maand-, maandelijks (bn)	**igakuine**	[igakuine]
maandelijks (bw)	**igas kuus**	[igas ku:s]
elke maand (bw)	**iga kuu**	[iga ku:]
twee keer per maand	**kaks korda kuus**	[kaks korda ku:s]
jaar (het)	**aasta**	[a:sʲta]
dit jaar (bw)	**sel aastal**	[selʲ a:sʲtalʲ]
volgend jaar (bw)	**järgmisel aastal**	[jærgmiselʲ a:sʲtalʲ]
vorig jaar (bw)	**möödunud aastal**	[mø:dunut a:sʲtalʲ]
een jaar geleden (bw)	**aasta tagasi**	[a:sʲta tagasi]
over een jaar	**aasta pärast**	[a:sʲta pærasʲt]
over twee jaar	**kahe aasta pärast**	[kahe a:sʲta pærasʲt]
het hele jaar	**kogu aasta**	[kogu a:sʲta]
een vol jaar	**terve aasta**	[terʋe a:sʲta]
elk jaar	**igal aastal**	[igalʲ a:sʲtalʲ]
jaar-, jaarlijks (bn)	**iga-aastane**	[iga-a:sʲtane]
jaarlijks (bw)	**igal aastal**	[igalʲ a:sʲtalʲ]
4 keer per jaar	**neli korda aastas**	[neli korda a:sʲtas]
datum (de)	**kuupäev**	[ku:pæəʋ]
datum (de)	**kuupäev**	[ku:pæəʋ]
kalender (de)	**kalender**	[kalender]
een half jaar	**pool aastat**	[po:lʲ a:sʲtat]
zes maanden	**poolaasta**	[po:la:sʲta]

seizoen (bijv. lente, zomer)	**hooaeg**	[ho:aeg]
eeuw (de)	**sajand**	[sajant]

REIZEN. HOTEL

20. Trip. Reizen

toerisme (het)	**turism**	[turism]
toerist (de)	**turist**	[turisʲt]
reis (de)	**reis**	[rejs]
avontuur (het)	**seiklus**	[sejklus]
tocht (de)	**sõit**	[sɜit]
vakantie (de)	**puhkus**	[puhkus]
met vakantie zijn	**puhkusel olema**	[puhkuselʲ olema]
rust (de)	**puhkus**	[puhkus]
trein (de)	**rong**	[rong]
met de trein	**rongiga**	[rongiga]
vliegtuig (het)	**lennuk**	[lennuk]
met het vliegtuig	**lennukiga**	[lennukiga]
met de auto	**autoga**	[autoga]
per schip (bw)	**laevaga**	[laeʋaga]
bagage (de)	**pagas**	[pagas]
valies (de)	**kohver**	[kohʋer]
bagagekarretje (het)	**pagasikäru**	[pagasikæru]
paspoort (het)	**pass**	[pass]
visum (het)	**viisa**	[ʋi:sa]
kaartje (het)	**pilet**	[pilet]
vliegticket (het)	**lennukipilet**	[lennukipilet]
reisgids (de)	**teejuht**	[te:juht]
kaart (de)	**kaart**	[ka:rt]
gebied (landelijk ~)	**ala**	[ala]
plaats (de)	**koht**	[koht]
exotische bestemming (de)	**eksootika**	[ekso:tika]
exotisch (bn)	**eksootiline**	[ekso:tiline]
verwonderlijk (bn)	**üllatav**	[ʉlʲætaʋ]
groep (de)	**grupp**	[grupp]
rondleiding (de)	**ekskursioon**	[ekskursio:n]
gids (de)	**ekskursioonijuht**	[ekskursio:nijuht]

21. Hotel

hotel (het)	**võõrastemaja**	[ʋɜ:rasʲtemaja]
motel (het)	**motell**	[motelʲ]
3-sterren	**kolm tärni**	[kolʲm tærni]

5-sterren	**viis tärni**	[ʋi:s tærni]
overnachten (ww)	**peatuma**	[peatuma]
kamer (de)	**number**	[number]
eenpersoonskamer (de)	**üheinimesetuba**	[ʉhejnimesetuba]
tweepersoonskamer (de)	**kaheinimesetuba**	[kahejnimesetuba]
een kamer reserveren	**tuba kinni panema**	[tuba kinni panema]
halfpension (het)	**poolpansion**	[po:lʲpansion]
volpension (het)	**täispansion**	[tæjspansion]
met badkamer	**vannitoaga**	[ʋannitoaga]
met douche	**dušiga**	[duʃiga]
satelliet-tv (de)	**satelliittelevisioon**	[satelʲi:tteleʋisio:n]
airconditioner (de)	**konditsioneer**	[konditsione:r]
handdoek (de)	**käterätik**	[kæterætik]
sleutel (de)	**võti**	[ʋɜti]
administrateur (de)	**administraator**	[adminisʲtra:tor]
kamermeisje (het)	**toatüdruk**	[toatʉdruk]
piccolo (de)	**pakikandja**	[pakikandja]
portier (de)	**uksehoidja**	[uksehojdja]
restaurant (het)	**restoran**	[resʲtoran]
bar (de)	**baar**	[ba:r]
ontbijt (het)	**hommikusöök**	[hommikusø:k]
avondeten (het)	**õhtusöök**	[ɜhtusø:k]
buffet (het)	**rootsi laud**	[ro:tsi laut]
hal (de)	**vestibüül**	[ʋesʲtibʉ:lʲ]
lift (de)	**lift**	[lift]
NIET STOREN	**MITTE SEGADA**	[mitte segada]
VERBODEN TE ROKEN!	**MITTE SUITSETADA!**	[mitte suitsetada!]

22. Bezienswaardigheden

monument (het)	**mälestussammas**	[mælesʲtussammas]
vesting (de)	**kindlus**	[kintlus]
paleis (het)	**loss**	[loss]
kasteel (het)	**loss**	[loss]
toren (de)	**torn**	[torn]
mausoleum (het)	**mausoleum**	[mausoleum]
architectuur (de)	**arhitektuur**	[arhitektu:r]
middeleeuws (bn)	**keskaegne**	[keskaegne]
oud (bn)	**vanaaegne**	[ʋana:egne]
nationaal (bn)	**rahvuslik**	[rahʋuslik]
bekend (bn)	**tuntud**	[tuntut]
toerist (de)	**turist**	[turisʲt]
gids (de)	**giid**	[gi:t]
rondleiding (de)	**ekskursioon**	[ekskursio:n]
tonen (ww)	**näitama**	[næjtama]
vertellen (ww)	**jutustama**	[jutusʲtama]

vinden (ww)	**leidma**	[lejdma]
verdwalen (de weg kwijt zijn)	**ära kaduma**	[æra kaduma]
plattegrond (~ van de metro)	**skeem**	[ske:m]
plattegrond (~ van de stad)	**plaan**	[pla:n]
souvenir (het)	**suveniir**	[suʋeni:r]
souvenirwinkel (de)	**suveniirikauplus**	[suʋeni:rikauplus]
een foto maken (ww)	**pildistama**	[pilʲdisʲtama]
zich laten fotograferen	**laskma pildistada**	[laskma pilʲdisʲtada]

VERVOER

23. Vliegveld

luchthaven (de)	**lennujaam**	[lennuja:m]
vliegtuig (het)	**lennuk**	[lennuk]
luchtvaartmaatschappij (de)	**lennukompanii**	[lennukompani:]
luchtverkeersleider (de)	**dispetšer**	[dispetʃer]
vertrek (het)	**väljalend**	[ʋæljalent]
aankomst (de)	**saabumine**	[sa:bumine]
aankomen (per vliegtuig)	**saabuma**	[sa:buma]
vertrektijd (de)	**väljalennuaeg**	[ʋæljalennuaeg]
aankomstuur (het)	**saabumisaeg**	[sa:bumisaeg]
vertraagd zijn (ww)	**hilinema**	[hilinema]
vluchtvertraging (de)	**väljalend hilineb**	[ʋæljalent hilineb]
informatiebord (het)	**teadetetabloo**	[teadetetablo:]
informatie (de)	**teave**	[teaʋe]
aankondigen (ww)	**teatama**	[teatama]
vlucht (bijv. KLM ~)	**reis**	[rejs]
douane (de)	**toll**	[tolʲ]
douanier (de)	**tolliametnik**	[tolʲiametnik]
douaneaangifte (de)	**deklaratsioon**	[deklaratsio:n]
invullen (douaneaangifte ~)	**täitma**	[tæjtma]
een douaneaangifte invullen	**deklaratsiooni täitma**	[deklaratsio:ni tæjtma]
paspoortcontrole (de)	**passikontroll**	[passikontrolʲ]
bagage (de)	**pagas**	[pagas]
handbagage (de)	**käsipakid**	[kæsipakit]
bagagekarretje (het)	**pagasikäru**	[pagasikæru]
landing (de)	**maandumine**	[ma:ndumine]
landingsbaan (de)	**maandumisrada**	[ma:ndumisrada]
landen (ww)	**maanduma**	[ma:nduma]
vliegtuigtrap (de)	**lennukitrepp**	[lennukitrepp]
inchecken (het)	**registreerimine**	[regisʲtre:rimine]
incheckbalie (de)	**registreerimiselett**	[regisʲtre:rimiselett]
inchecken (ww)	**registreerima**	[regisʲtre:rima]
instapkaart (de)	**lennukisse mineku talong**	[lennukissemineku talong]
gate (de)	**lennukisse minek**	[lennukisse minek]
transit (de)	**transiit**	[transi:t]
wachten (ww)	**ootama**	[o:tama]
wachtzaal (de)	**ooteruum**	[o:teru:m]

begeleiden (uitwuiven)	**saatma**	[sa:tma]
afscheid nemen (ww)	**hüvasti jätma**	[hʉʊasʲti jætma]

24. Vliegtuig

vliegtuig (het)	**lennuk**	[lennuk]
vliegticket (het)	**lennukipilet**	[lennukipilet]
luchtvaartmaatschappij (de)	**lennukompanii**	[lennukompani:]
luchthaven (de)	**lennujaam**	[lennuja:m]
supersonisch (bn)	**ülehelikiiruse**	[ʉleheliki:ruse]
gezagvoerder (de)	**lennukikomandör**	[lennukikomandør]
bemanning (de)	**meeskond**	[me:skont]
piloot (de)	**piloot**	[pilo:t]
stewardess (de)	**stjuardess**	[sʲtjuardess]
stuurman (de)	**tüürimees**	[tʉ:rime:s]
vleugels (mv.)	**tiivad**	[ti:ʊat]
staart (de)	**saba**	[saba]
cabine (de)	**kabiin**	[kabi:n]
motor (de)	**mootor**	[mo:tor]
landingsgestel (het)	**telik**	[telik]
turbine (de)	**turbiin**	[turbi:n]
propeller (de)	**propeller**	[propelʲer]
zwarte doos (de)	**must kast**	[musʲt kasʲt]
stuur (het)	**tüür**	[tʉ:r]
brandstof (de)	**kütus**	[kʉtus]
veiligheidskaart (de)	**instruktsioon**	[insʲtruktsio:n]
zuurstofmasker (het)	**hapnikumask**	[hapnikumask]
uniform (het)	**vormiriietus**	[ʊormiri:etus]
reddingsvest (de)	**päästevest**	[pæ:sʲteʊesʲt]
parachute (de)	**langevari**	[langeʊari]
opstijgen (het)	**õhkutõusmine**	[ɜhkutɜusmine]
opstijgen (ww)	**õhku tõusma**	[ɜhku tɜusma]
startbaan (de)	**tõusurada**	[tɜusurada]
zicht (het)	**nähtavus**	[næhtaʊus]
vlucht (de)	**lend**	[lent]
hoogte (de)	**kõrgus**	[kɜrgus]
luchtzak (de)	**õhuauk**	[ɜhuauk]
plaats (de)	**koht**	[koht]
koptelefoon (de)	**kõrvaklapid**	[kɜrʊaklapit]
tafeltje (het)	**klapplaud**	[klapplaut]
venster (het)	**illuminaator**	[ilʲumina:tor]
gangpad (het)	**vahekäik**	[ʊahekæjk]

25. Trein

trein (de)	**rong**	[rong]
elektrische trein (de)	**elektrirong**	[elektrirong]

sneltrein (de)	**kiirrong**	[ki:rrong]
diesellocomotief (de)	**mootorvedur**	[mo:torʋedur]
locomotief (de)	**auruvedur**	[auruʋedur]
rijtuig (het)	**vagun**	[ʋagun]
restauratierijtuig (het)	**restoranvagun**	[resʲtoranʋagun]
rails (mv.)	**rööpad**	[rø:pat]
spoorweg (de)	**raudtee**	[raudte:]
dwarsligger (de)	**liiper**	[li:per]
perron (het)	**platvorm**	[platʋorm]
spoor (het)	**tee**	[te:]
semafoor (de)	**semafor**	[semafor]
halte (bijv. kleine treinhalte)	**jaam**	[ja:m]
machinist (de)	**vedurijuht**	[ʋedurijuht]
kruier (de)	**pakikandja**	[pakikandja]
conducteur (de)	**vagunisaatja**	[ʋagunisa:tja]
passagier (de)	**reisija**	[rejsija]
controleur (de)	**kontrolör**	[kontrolør]
gang (in een trein)	**koridor**	[koridor]
noodrem (de)	**hädapidur**	[hædapidur]
coupé (de)	**kupee**	[kupe:]
bed (slaapplaats)	**nari**	[nari]
bovenste bed (het)	**ülemine nari**	[ʉlemine nari]
onderste bed (het)	**alumine nari**	[alumine nari]
beddengoed (het)	**voodipesu**	[ʋo:dipesu]
kaartje (het)	**pilet**	[pilet]
dienstregeling (de)	**sõiduplaan**	[sɜidupla:n]
informatiebord (het)	**tabloo**	[tablo:]
vertrekken (De trein vertrekt ...)	**väljuma**	[ʋæljuma]
vertrek (ov. een trein)	**väljumine**	[ʋæljumine]
aankomen (ov. de treinen)	**saabuma**	[sa:buma]
aankomst (de)	**saabumine**	[sa:bumine]
aankomen per trein	**rongiga saabuma**	[rongiga sa:buma]
in de trein stappen	**rongile minema**	[rongile minema]
uit de trein stappen	**rongilt maha minema**	[rongilʲt maha minema]
treinwrak (het)	**rongiõnnetus**	[rongiɜnnetus]
ontspoord zijn	**rööbastelt maha jooksma**	[rø:basʲtelʲt maha jo:ksma]
locomotief (de)	**auruvedur**	[auruʋedur]
stoker (de)	**kütja**	[kʉtja]
stookplaats (de)	**kolle**	[kolʲe]
steenkool (de)	**süsi**	[sʉsi]

26. Schip

schip (het)	**laev**	[laeʋ]
vaartuig (het)	**laev**	[laeʋ]

stoomboot (de)	**aurik**	[aurik]
motorschip (het)	**mootorlaev**	[mo:torlaeʋ]
lijnschip (het)	**liinilaev**	[li:nilaeʋ]
kruiser (de)	**ristleja**	[risʲtleja]
jacht (het)	**jaht**	[jaht]
sleepboot (de)	**puksiir**	[puksi:r]
duwbak (de)	**lodi**	[lodi]
ferryboot (de)	**parvlaev**	[parʋlaeʋ]
zeilboot (de)	**purjelaev**	[purjelaeʋ]
brigantijn (de)	**brigantiin**	[briganti:n]
IJsbreker (de)	**jäälõhkuja**	[jæ:lɜhkuja]
duikboot (de)	**allveelaev**	[alʲʋe:laeʋ]
boot (de)	**paat**	[pa:t]
sloep (de)	**luup**	[lu:p]
reddingssloep (de)	**päästepaat**	[pæ:sʲtepa:t]
motorboot (de)	**kaater**	[ka:ter]
kapitein (de)	**kapten**	[kapten]
zeeman (de)	**madrus**	[madrus]
matroos (de)	**meremees**	[mereme:s]
bemanning (de)	**meeskond**	[me:skont]
bootsman (de)	**pootsman**	[po:tsman]
scheepsjongen (de)	**junga**	[junga]
kok (de)	**kokk**	[kokk]
scheepsarts (de)	**laevaarst**	[laeʋa:rsʲt]
dek (het)	**tekk**	[tekk]
mast (de)	**mast**	[masʲt]
zeil (het)	**puri**	[puri]
ruim (het)	**trümm**	[trʉmm]
voorsteven (de)	**vöör**	[ʋø:r]
achtersteven (de)	**ahter**	[ahter]
roeispaan (de)	**aer**	[aer]
schroef (de)	**kruvi**	[kruʋi]
kajuit (de)	**kajut**	[kajut]
officierskamer (de)	**ühiskajut**	[ʉhiskajut]
machinekamer (de)	**masinaruum**	[masinaru:m]
brug (de)	**kaptenisild**	[kaptenisilʲt]
radiokamer (de)	**raadiosõlm**	[ra:diosɜlʲm]
radiogolf (de)	**raadiolaine**	[ra:diolaine]
logboek (het)	**logiraamat**	[logira:mat]
verrekijker (de)	**pikksilm**	[pikksilʲm]
klok (de)	**kirikukell**	[kirikukelʲ]
vlag (de)	**lipp**	[lipp]
kabel (de)	**köis**	[køis]
knoop (de)	**sõlm**	[sɜlʲm]
trapleuning (de)	**käsipuu**	[kæsipu:]

trap (de)	**trapp**	[trapp]
anker (het)	**ankur**	[ankur]
het anker lichten	**ankur sisse**	[ankur sisse]
het anker neerlaten	**ankur välja**	[ankur ʋælja]
ankerketting (de)	**ankrukett**	[ankrukett]
haven (bijv. containerhaven)	**sadam**	[sadam]
kaai (de)	**sadam**	[sadam]
aanleggen (ww)	**randuma**	[randuma]
wegvaren (ww)	**kaldast eemalduma**	[kalʲdasʲt e:malʲduma]
reis (de)	**reis**	[rejs]
cruise (de)	**kruiis**	[krui:s]
koers (de)	**kurss**	[kurss]
route (de)	**marsruut**	[marsru:t]
vaarwater (het)	**laevasõidutee**	[laeʋasɜidute:]
zandbank (de)	**madalik**	[madalik]
stranden (ww)	**madalikule jääma**	[madalikule jæ:ma]
storm (de)	**torm**	[torm]
signaal (het)	**signaal**	[signa:lʲ]
zinken (ov. een boot)	**uppuma**	[uppuma]
Man overboord!	**Mees üle parda!**	[me:s ʉle parda!]
SOS (noodsignaal)	**SOS**	[sos]
reddingsboei (de)	**päästerõngas**	[pæ:sʲterɜngas]

STAD

27. Stedelijk vervoer

bus, autobus (de)	**buss**	[buss]
tram (de)	**tramm**	[tramm]
trolleybus (de)	**troll**	[trolʲ]
route (de)	**marsruut**	[marsru:t]
nummer (busnummer, enz.)	**number**	[number]
rijden met ...	**... sõitma**	[... sɜitma]
stappen (in de bus ~)	**sisenema**	[sisenema]
afstappen (ww)	**maha minema**	[maha minema]
halte (de)	**peatus**	[peatus]
volgende halte (de)	**järgmine peatus**	[jærgmine peatus]
eindpunt (het)	**lõpp-peatus**	[lɜpp-peatus]
dienstregeling (de)	**sõiduplaan**	[sɜidupla:n]
wachten (ww)	**ootama**	[o:tama]
kaartje (het)	**pilet**	[pilet]
reiskosten (de)	**pileti hind**	[pileti hint]
kassier (de)	**kassiir**	[kassi:r]
kaartcontrole (de)	**piletikontroll**	[piletikontrolʲ]
controleur (de)	**kontrolör**	[kontrolør]
te laat zijn (ww)	**hilinema**	[hilinema]
missen (de bus ~)	**hiljaks jääma**	[hiljaks jæ:ma]
zich haasten (ww)	**ruttama**	[ruttama]
taxi (de)	**takso**	[takso]
taxichauffeur (de)	**taksojuht**	[taksojuht]
met de taxi (bw)	**taksoga**	[taksoga]
taxistandplaats (de)	**taksopeatus**	[taksopeatus]
een taxi bestellen	**taksot välja kutsuma**	[taksot ʋælja kutsuma]
een taxi nemen	**taksot võtma**	[taksot ʋɜtma]
verkeer (het)	**tänavaliiklus**	[tænaʋali:klus]
file (de)	**liiklusummik**	[li:klusummik]
spitsuur (het)	**tipptund**	[tipptunt]
parkeren (on.ww.)	**parkima**	[parkima]
parkeren (ov.ww.)	**parkima**	[parkima]
parking (de)	**parkla**	[parkla]
metro (de)	**metroo**	[metro:]
halte (bijv. kleine treinhalte)	**jaam**	[ja:m]
de metro nemen	**metrooga sõitma**	[metro:ga sɜitma]
trein (de)	**rong**	[rong]
station (treinstation)	**raudteejaam**	[raudte:ja:m]

28. Stad. Het leven in de stad

stad (de) **linn** [linn]
hoofdstad (de) **pealinn** [pealinn]
dorp (het) **küla** [kʉla]

plattegrond (de) **linnaplaan** [linnapla:n]
centrum (ov. een stad) **kesklinn** [kesklinn]
voorstad (de) **linnalähedane asula** [linnalʲæhedane asula]
voorstads- (abn) **linnalähedane** [linnalʲæhedane]

randgemeente (de) **äärelinn** [æ:relinn]
omgeving (de) **ümbrus** [ʉmbrus]
blok (huizenblok) **kvartal** [kʊartalʲ]
woonwijk (de) **elamukvartal** [elamukʊartalʲ]

verkeer (het) **liiklus** [li:klus]
verkeerslicht (het) **valgusfoor** [ʊalʲgusfo:r]
openbaar vervoer (het) **linnatransport** [linnatransport]
kruispunt (het) **ristmik** [risʲtmik]

zebrapad (oversteekplaats) **ülekäik** [ʉlekæjk]
onderdoorgang (de) **jalakäijate tunnel** [jalakæjjate tunnelʲ]
oversteken (de straat ~) **üle tänava minema** [ʉle tænaʊa minema]
voetganger (de) **jalakäija** [jalakæjja]
trottoir (het) **kõnnitee** [kɜnnite:]

brug (de) **sild** [silʲt]
dijk (de) **kaldapealne** [kalʲdapealʲne]
fontein (de) **purskkaev** [purskkaeʊ]

allee (de) **allee** [alʲe:]
park (het) **park** [park]
boulevard (de) **puiestee** [puiesʲte:]
plein (het) **väljak** [ʊæljak]
laan (de) **prospekt** [prospekt]
straat (de) **tänav** [tænaʊ]
zijstraat (de) **põiktänav** [pɜiktænaʊ]
doodlopende straat (de) **umbtänav** [umbtænaʊ]

huis (het) **maja** [maja]
gebouw (het) **hoone** [ho:ne]
wolkenkrabber (de) **pilvelõhkuja** [pilʲʊelɜhkuja]

gevel (de) **fassaad** [fassa:t]
dak (het) **katus** [katus]
venster (het) **aken** [aken]
boog (de) **võlv** [ʊɜlʲʊ]
pilaar (de) **sammas** [sammas]
hoek (ov. een gebouw) **nurk** [nurk]

vitrine (de) **vaateaken** [ʊa:teaken]
gevelreclame (de) **silt** [silʲt]
affiche (de/het) **kuulutus** [ku:lutus]
reclameposter (de) **reklaamiplakat** [rekla:miplakat]

aanplakbord (het)	**reklaamikilp**	[rekla:mikilʲp]
vuilnis (de/het)	**prügi**	[prʉgi]
vuilnisbak (de)	**prügiurn**	[prʉgiurn]
afval weggooien (ww)	**prahti maha viskama**	[prahti maha ʋiskama]
stortplaats (de)	**prügimägi**	[prʉgimægi]
telefooncel (de)	**telefoniputka**	[telefoniputka]
straatlicht (het)	**laternapost**	[laternaposʲt]
bank (de)	**pink**	[pink]
politieagent (de)	**politseinik**	[politsejnik]
politie (de)	**politsei**	[politsej]
zwerver (de)	**kerjus**	[kerjus]
dakloze (de)	**pätt**	[pætt]

29. Stedelijke instellingen

winkel (de)	**kauplus**	[kauplus]
apotheek (de)	**apteek**	[apte:k]
optiek (de)	**optika**	[optika]
winkelcentrum (het)	**kaubanduskeskus**	[kaubanduskeskus]
supermarkt (de)	**supermarket**	[supermarket]
bakkerij (de)	**leivapood**	[lejʋapo:t]
bakker (de)	**pagar**	[pagar]
banketbakkerij (de)	**kondiitripood**	[kondi:tripo:t]
kruidenier (de)	**toidupood**	[tojdupo:t]
slagerij (de)	**lihakarn**	[lihakarn]
groentewinkel (de)	**juurviljapood**	[ju:rʋiljapo:t]
markt (de)	**turg**	[turg]
koffiehuis (het)	**kohvik**	[kohʋik]
restaurant (het)	**restoran**	[resʲtoran]
bar (de)	**õllebaar**	[ɜlʲeba:r]
pizzeria (de)	**pitsabaar**	[pitsaba:r]
kapperssalon (de/het)	**juuksurisalong**	[ju:ksurisalong]
postkantoor (het)	**postkontor**	[posʲtkontor]
stomerij (de)	**keemiline puhastus**	[ke:miline puhasʲtus]
fotostudio (de)	**fotoateljee**	[fotoatelje:]
schoenwinkel (de)	**kingapood**	[kingapo:t]
boekhandel (de)	**raamatukauplus**	[ra:matukauplus]
sportwinkel (de)	**sporditarvete kauplus**	[sporditarʋete kauplus]
kledingreparatie (de)	**riieteparandus**	[ri:eteparandus]
kledingverhuur (de)	**riietelaenutus**	[ri:etelaenutus]
videotheek (de)	**filmilaenutus**	[filʲmilaenutus]
circus (de/het)	**tsirkus**	[tsirkus]
dierentuin (de)	**loomaaed**	[lo:ma:et]
bioscoop (de)	**kino**	[kino]
museum (het)	**muuseum**	[mu:seum]

bibliotheek (de)	**raamatukogu**	[ra:matukogu]
theater (het)	**teater**	[teater]
opera (de)	**ooper**	[o:per]
nachtclub (de)	**ööklubi**	[ø:klubi]
casino (het)	**kasiino**	[kasi:no]
moskee (de)	**mošee**	[moʃe:]
synagoge (de)	**sünagoog**	[sʉnago:g]
kathedraal (de)	**katedraal**	[katedra:lʲ]
tempel (de)	**pühakoda**	[pʉhakoda]
kerk (de)	**kirik**	[kirik]
instituut (het)	**instituut**	[insʲtitu:t]
universiteit (de)	**ülikool**	[ʉliko:lʲ]
school (de)	**kool**	[ko:lʲ]
gemeentehuis (het)	**linnaosa valitsus**	[linnaosa ʋalitsus]
stadhuis (het)	**linnavalitsus**	[linnaʋalitsus]
hotel (het)	**hotell**	[hotelʲ]
bank (de)	**pank**	[pank]
ambassade (de)	**suursaatkond**	[su:rsa:tkont]
reisbureau (het)	**reisibüroo**	[rejsibʉro:]
informatieloket (het)	**teadete büroo**	[teadete bʉro:]
wisselkantoor (het)	**rahavahetus**	[rahaʋahetus]
metro (de)	**metroo**	[metro:]
ziekenhuis (het)	**haigla**	[haigla]
benzinestation (het)	**tankla**	[tankla]
parking (de)	**parkla**	[parkla]

30. Borden

gevelreclame (de)	**silt**	[silʲt]
opschrift (het)	**pealkiri**	[pealʲkiri]
poster (de)	**plakat**	[plakat]
wegwijzer (de)	**teeviit**	[te:ʋi:t]
pijl (de)	**nool**	[no:lʲ]
waarschuwing (verwittiging)	**hoiatus**	[hojatus]
waarschuwingsbord (het)	**hoiatus**	[hojatus]
waarschuwen (ww)	**hoiatama**	[hojatama]
vrije dag (de)	**puhkepäev**	[puhkepæəʋ]
dienstregeling (de)	**sõiduplaan**	[sɜidupla:n]
openingsuren (mv.)	**töötunnid**	[tø:tunnit]
WELKOM!	**TERE TULEMAST!**	[tere tulemasʲt!]
INGANG	**SISSEPÄÄS**	[sissepæ:s]
UITGANG	**VÄLJAPÄÄS**	[ʋæljapæ:s]
DUWEN	**LÜKKA**	[lʉkka]
TREKKEN	**TÕMBA**	[tɜmba]

OPEN	**AVATUD**	[aʋatut]
GESLOTEN	**SULETUD**	[suletut]
DAMES	**NAISTELE**	[naisʲtele]
HEREN	**MEESTELE**	[me:sʲtele]
KORTING	**SOODUSTUSED**	[so:dusʲtuset]
UITVERKOOP	**VÄLJAMÜÜK**	[ʋæljamʉ:k]
NIEUW!	**UUS KAUP!**	[u:s kaup!]
GRATIS	**TASUTA**	[tasuta]
PAS OP!	**ETTEVAATUST!**	[etteʋa:tusʲt!]
VOLGEBOEKT	**TÄIELIKULT BRONEERITUD**	[tæjelikulʲt brone:ritut]
GERESERVEERD	**RESERVEERITUD**	[reserʋe:ritut]
ADMINISTRATIE	**JUHTKOND**	[juhtkont]
ALLEEN VOOR PERSONEEL	**AINULT PERSONALILE**	[ainulʲt personalile]
GEVAARLIJKE HOND	**KURI KOER**	[kuri koer]
VERBODEN TE ROKEN!	**MITTE SUITSETADA!**	[mitte suitsetada!]
NIET AANRAKEN!	**MITTE PUUTUDA!**	[mitte pu:tuda!]
GEVAARLIJK	**OHTLIK**	[ohtlik]
GEVAAR	**OHT**	[oht]
HOOGSPANNING	**KÕRGEPINGE**	[kɜrgepinge]
VERBODEN TE ZWEMMEN	**UJUMINE KEELATUD!**	[ujumine ke:latud!]
BUITEN GEBRUIK	**EI TÖÖTA**	[ej tø:ta]
ONTVLAMBAAR	**TULEOHTLIK**	[tuleohtlik]
VERBODEN	**KEELATUD**	[ke:latut]
DOORGANG VERBODEN	**LÄBIKÄIK KEELATUD**	[lʲæbikæjk ke:latut]
OPGELET PAS GEVERFD	**VÄRSKE VÄRV**	[ʋærske ʋærʋ]

31. Winkelen

kopen (ww)	**ostma**	[osʲtma]
aankoop (de)	**ost**	[osʲt]
winkelen (ww)	**oste tegema**	[osʲte tegema]
winkelen (het)	**šoppamine**	[ʃoppamine]
open zijn (ov. een winkel, enz.)	**lahti olema**	[lahti olema]
gesloten zijn (ww)	**kinni olema**	[kinni olema]
schoeisel (het)	**jalatsid**	[jalatsit]
kleren (mv.)	**riided**	[ri:det]
cosmetica (de)	**kosmeetika**	[kosme:tika]
voedingswaren (mv.)	**toiduained**	[tojduainet]
geschenk (het)	**kingitus**	[kingitus]
verkoper (de)	**müüja**	[mʉ:ja]
verkoopster (de)	**müüja**	[mʉ:ja]

kassa (de)	**kassa**	[kassa]
spiegel (de)	**peegel**	[pe:gelʲ]
toonbank (de)	**lett**	[lett]
paskamer (de)	**proovikabiin**	[pro:ʋikabi:n]
aanpassen (ww)	**selga proovima**	[selʲga pro:ʋima]
passen (ov. kleren)	**paras olema**	[paras olema]
bevallen (prettig vinden)	**meeldima**	[me:lʲdima]
prijs (de)	**hind**	[hint]
prijskaartje (het)	**hinnalipik**	[hinnalipik]
kosten (ww)	**maksma**	[maksma]
Hoeveel?	**Kui palju?**	[kui palju?]
korting (de)	**allahindlus**	[alʲæhintlus]
niet duur (bn)	**odav**	[odaʋ]
goedkoop (bn)	**odav**	[odaʋ]
duur (bn)	**kallis**	[kalʲis]
Dat is duur.	**See on kallis.**	[se: on kalʲis]
verhuur (de)	**laenutus**	[laenutus]
huren (smoking, enz.)	**laenutama**	[laenutama]
krediet (het)	**pangalaen**	[pangalaen]
op krediet (bw)	**krediiti võtma**	[kredi:ti ʋɜtma]

KLEDING EN ACCESSOIRES

32. Bovenkleding. Jassen

kleren (mv.), kleding (de)	**riided**	[ri:det]
bovenkleding (de)	**üleriided**	[ʉleri:det]
winterkleding (de)	**talveriided**	[talʲʋeri:det]
jas (de)	**mantel**	[mantelʲ]
bontjas (de)	**kasukas**	[kasukas]
bontjasje (het)	**poolkasukas**	[po:lʲkasukas]
donzen jas (de)	**sulejope**	[sulejope]
jasje (bijv. een leren ~)	**jope**	[jope]
regenjas (de)	**vihmamantel**	[ʋihmamantelʲ]
waterdicht (bn)	**veekindel**	[ʋe:kindelʲ]

33. Heren & dames kleding

overhemd (het)	**särk**	[særk]
broek (de)	**püksid**	[pʉksit]
jeans (de)	**teksapüksid**	[teksapʉksit]
colbert (de)	**pintsak**	[pintsak]
kostuum (het)	**ülikond**	[ʉlikont]
jurk (de)	**kleit**	[klejt]
rok (de)	**seelik**	[se:lik]
blouse (de)	**pluus**	[plu:s]
wollen vest (de)	**villane jakk**	[ʋilʲæne jakk]
blazer (kort jasje)	**pluus**	[plu:s]
T-shirt (het)	**T-särk**	[t-særk]
shorts (mv.)	**põlvpüksid**	[pɜlʲʋpʉksit]
trainingspak (het)	**dress**	[dress]
badjas (de)	**hommikumantel**	[hommikumantelʲ]
pyjama (de)	**pidžaama**	[pidʒa:ma]
sweater (de)	**sviiter**	[sʋi:ter]
pullover (de)	**pullover**	[pulʲoʋer]
gilet (het)	**vest**	[ʋesʲt]
rokkostuum (het)	**frakk**	[frakk]
smoking (de)	**smoking**	[smoking]
uniform (het)	**vormiriietus**	[ʋormiri:etus]
werkkleding (de)	**tööriietus**	[tø:ri:etus]
overall (de)	**kombinesoon**	[kombineso:n]
doktersjas (de)	**kittel**	[kittelʲ]

34. Kleding. Ondergoed

ondergoed (het)	**pesu**	[pesu]
herenslip (de)	**trussikud**	[trussikut]
slipjes (mv.)	**trussikud**	[trussikut]
onderhemd (het)	**alussärk**	[alussærk]
sokken (mv.)	**sokid**	[sokit]
nachthemd (het)	**öösärk**	[ø:særk]
beha (de)	**rinnahoidja**	[rinnahojdja]
kniekousen (mv.)	**põlvikud**	[pɜlʲʋikut]
panty (de)	**sukkpüksid**	[sukkpʉksit]
nylonkousen (mv.)	**sukad**	[sukat]
badpak (het)	**trikoo**	[triko:]

35. Hoofddeksels

hoed (de)	**müts**	[mʉts]
deukhoed (de)	**kaabu**	[ka:bu]
honkbalpet (de)	**pesapallimüts**	[pesapalʲimʉts]
kleppet (de)	**soni**	[soni]
baret (de)	**barett**	[barett]
kap (de)	**kapuuts**	[kapu:ts]
panamahoed (de)	**panama**	[panama]
gebreide muts (de)	**kootud müts**	[ko:tut mʉts]
hoofddoek (de)	**rätik**	[rætik]
dameshoed (de)	**kübar**	[kʉbar]
veiligheidshelm (de)	**kiiver**	[ki:ʋer]
veldmuts (de)	**pilotka**	[pilotka]
helm, valhelm (de)	**lendurimüts**	[lendurimʉts]
bolhoed (de)	**kübar**	[kʉbar]
hoge hoed (de)	**silinder**	[silinder]

36. Schoeisel

schoeisel (het)	**jalatsid**	[jalatsit]
schoenen (mv.)	**poolsaapad**	[po:lʲsa:pat]
vrouwenschoenen (mv.)	**kingad**	[kingat]
laarzen (mv.)	**saapad**	[sa:pat]
pantoffels (mv.)	**sussid**	[sussit]
sportschoenen (mv.)	**tossud**	[tossut]
sneakers (mv.)	**ketsid**	[ketsit]
sandalen (mv.)	**sandaalid**	[sanda:lit]
schoenlapper (de)	**kingsepp**	[kingsepp]
hiel (de)	**konts**	[konts]

paar (een ~ schoenen)	**paar**	[pa:r]
veter (de)	**kingapael**	[kingapaelʲ]
rijgen (schoenen ~)	**kingapaelu siduma**	[kingapaelu siduma]
schoenlepel (de)	**kingalusikas**	[kingalusikas]
schoensmeer (de/het)	**kingakreem**	[kingakre:m]

37. Persoonlijke accessoires

handschoenen (mv.)	**sõrmkindad**	[sɜrmkindat]
wanten (mv.)	**labakindad**	[labakindat]
sjaal (fleece ~)	**sall**	[salʲ]
bril (de)	**prillid**	[prilʲit]
brilmontuur (het)	**prilliraamid**	[prilʲira:mit]
paraplu (de)	**vihmavari**	[ʋihmaʋari]
wandelstok (de)	**jalutuskepp**	[jalutuskepp]
haarborstel (de)	**juuksehari**	[ju:ksehari]
waaier (de)	**lehvik**	[lehʋik]
das (de)	**lips**	[lips]
strikje (het)	**kikilips**	[kikilips]
bretels (mv.)	**traksid**	[traksit]
zakdoek (de)	**taskurätik**	[taskurætik]
kam (de)	**kamm**	[kamm]
haarspeldje (het)	**juukseklamber**	[ju:kseklamber]
schuifspeldje (het)	**juuksenõel**	[ju:ksenɜelʲ]
gesp (de)	**pannal**	[pannalʲ]
broekriem (de)	**vöö**	[ʋø:]
draagriem (de)	**rihm**	[rihm]
handtas (de)	**kott**	[kott]
damestas (de)	**käekott**	[kæekott]
rugzak (de)	**seljakott**	[seljakott]

38. Kleding. Diversen

mode (de)	**mood**	[mo:t]
de mode (bn)	**moodne**	[mo:dne]
kledingstilist (de)	**moekunstnik**	[moekunsʲtnik]
kraag (de)	**krae**	[krae]
zak (de)	**tasku**	[tasku]
zak- (abn)	**tasku-**	[tasku-]
mouw (de)	**varrukas**	[ʋarrukas]
lusje (het)	**tripp**	[tripp]
gulp (de)	**püksiauk**	[pʉksiauk]
rits (de)	**tõmblukk**	[tɜmblukk]
sluiting (de)	**kinnis**	[kinnis]
knoop (de)	**nööp**	[nø:p]

knoopsgat (het)	**nööpauk**	[nø:pauk]
losraken (bijv. knopen)	**eest ära tulema**	[e:sʲt æra tulema]
naaien (kleren, enz.)	**õmblema**	[ɜmblema]
borduren (ww)	**tikkima**	[tikkima]
borduursel (het)	**tikkimine**	[tikkimine]
naald (de)	**nõel**	[nɜelʲ]
draad (de)	**niit**	[ni:t]
naad (de)	**õmblus**	[ɜmblus]
vies worden (ww)	**ära määrima**	[æra mæ:rima]
vlek (de)	**plekk**	[plekk]
gekreukt raken (ov. kleren)	**kortsu minema**	[kortsu minema]
scheuren (ov.ww.)	**katki minema**	[katki minema]
mot (de)	**koi**	[koj]

39. Persoonlijke verzorging. Schoonheidsmiddelen

tandpasta (de)	**hambapasta**	[hambapasʲta]
tandenborstel (de)	**hambahari**	[hambahari]
tanden poetsen (ww)	**hambaid pesema**	[hambait pesema]
scheermes (het)	**pardel**	[pardelʲ]
scheerschuim (het)	**habemeajamiskreem**	[habemeajamiskre:m]
zich scheren (ww)	**habet ajama**	[habet ajama]
zeep (de)	**seep**	[se:p]
shampoo (de)	**šampoon**	[ʃampo:n]
schaar (de)	**käärid**	[kæ:rit]
nagelvijl (de)	**küüneviil**	[kʉ:neʋi:lʲ]
nagelknipper (de)	**küünekäärid**	[kʉ:nekæ:rit]
pincet (het)	**pintsett**	[pintsett]
cosmetica (de)	**kosmeetika**	[kosme:tika]
masker (het)	**mask**	[mask]
manicure (de)	**maniküür**	[manikʉ:r]
manicure doen	**maniküüri tegema**	[manikʉ:ri tegema]
pedicure (de)	**pediküür**	[pedikʉ:r]
cosmetica tasje (het)	**kosmeetikakott**	[kosme:tikakott]
poeder (de/het)	**puuder**	[pu:der]
poederdoos (de)	**puudritoos**	[pu:drito:s]
rouge (de)	**põsepuna**	[pɜsepuna]
parfum (de/het)	**lõhnaõli**	[lɜhnaɜli]
eau de toilet (de)	**tualettvesi**	[tualettʋesi]
lotion (de)	**näovesi**	[næoʋesi]
eau de cologne (de)	**odekolonn**	[odekolonn]
oogschaduw (de)	**lauvärv**	[lauʋærʋ]
oogpotlood (het)	**silmapliiats**	[silʲmapli:ats]
mascara (de)	**ripsmetušš**	[ripsmetuʃʃ]
lippenstift (de)	**huulepulk**	[hu:lepulʲk]

nagellak (de)	**küünelakk**	[kʉ:nelakk]
haarlak (de)	**juukselakk**	[ju:kselakk]
deodorant (de)	**desodorant**	[desodorant]
crème (de)	**kreem**	[kre:m]
gezichtscrème (de)	**näokreem**	[næokre:m]
handcrème (de)	**kätekreem**	[kætekre:m]
antirimpelcrème (de)	**kortsudevastane kreem**	[kortsudeʋasʲtane kre:m]
dagcrème (de)	**päevakreem**	[pæɘʋakre:m]
nachtcrème (de)	**öökreem**	[ø:kre:m]
dag- (abn)	**päeva-**	[pæɘʋa-]
nacht- (abn)	**öö-**	[ø:-]
tampon (de)	**tampoon**	[tampo:n]
toiletpapier (het)	**tualettpaber**	[tualettpaber]
föhn (de)	**föön**	[fø:n]

40. Horloges. Klokken

polshorloge (het)	**käekell**	[kæɘkelʲ]
wijzerplaat (de)	**sihverplaat**	[sihʋerpla:t]
wijzer (de)	**osuti**	[osuti]
metalen horlogeband (de)	**kellarihm**	[kelʲærihm]
horlogebandje (het)	**kellarihm**	[kelʲærihm]
batterij (de)	**patarei**	[patarej]
leeg zijn (ww)	**tühjaks saama**	[tʉhjaks sa:ma]
batterij vervangen	**patareid vahetama**	[patarejt ʋahetama]
voorlopen (ww)	**ette käima**	[ette kæjma]
achterlopen (ww)	**taha jääma**	[taha jæ:ma]
wandklok (de)	**seinakell**	[sejnakelʲ]
zandloper (de)	**liivakell**	[li:ʋakelʲ]
zonnewijzer (de)	**päiksekell**	[pæjksekelʲ]
wekker (de)	**äratuskell**	[æratuskelʲ]
horlogemaker (de)	**kellassepp**	[kelʲæssepp]
repareren (ww)	**parandama**	[parandama]

ALLEDAAGSE ERVARING

41. Geld

geld (het)	**raha**	[raha]
ruil (de)	**vahetus**	[ʋahetus]
koers (de)	**kurss**	[kurss]
geldautomaat (de)	**pangaautomaat**	[panga:utoma:t]
muntstuk (de)	**münt**	[mʉnt]
dollar (de)	**dollar**	[dolʲær]
euro (de)	**euro**	[euro]
lire (de)	**liir**	[li:r]
Duitse mark (de)	**mark**	[mark]
frank (de)	**frank**	[frank]
pond sterling (het)	**naelsterling**	[naelʲsʲterling]
yen (de)	**jeen**	[je:n]
schuld (geldbedrag)	**võlg**	[ʋɜlʲg]
schuldenaar (de)	**võlgnik**	[ʋɜlʲgnik]
uitlenen (ww)	**võlgu andma**	[ʋɜlʲgu andma]
lenen (geld ~)	**võlgu võtma**	[ʋɜlʲgu ʋɜtma]
bank (de)	**pank**	[pank]
bankrekening (de)	**pangakonto**	[pangakonto]
storten (ww)	**panema**	[panema]
op rekening storten	**arvele panema**	[arʋele panema]
opnemen (ww)	**arvelt võtma**	[arʋelʲt ʋɜtma]
kredietkaart (de)	**krediidikaart**	[kredi:dika:rt]
baar geld (het)	**sularaha**	[sularaha]
cheque (de)	**tšekk**	[tʃekk]
een cheque uitschrijven	**tšekki välja kirjutama**	[tʃekki ʋælja kirjutama]
chequeboekje (het)	**tšekiraamat**	[tʃekira:mat]
portefeuille (de)	**rahatasku**	[rahatasku]
geldbeugel (de)	**rahakott**	[rahakott]
safe (de)	**seif**	[sejf]
erfgenaam (de)	**pärija**	[pærija]
erfenis (de)	**pärandus**	[pærandus]
fortuin (het)	**varandus**	[ʋarandus]
huur (de)	**rent**	[rent]
huurprijs (de)	**korteriüür**	[korteriʉ:r]
huren (huis, kamer)	**üürima**	[ʉ:rima]
prijs (de)	**hind**	[hint]
kostprijs (de)	**maksumus**	[maksumus]

som (de)	**summa**	[summa]
uitgeven (geld besteden)	**raiskama**	[raiskama]
kosten (mv.)	**kulutused**	[kulutuset]
bezuinigen (ww)	**kokku hoidma**	[kokku hojdma]
zuinig (bn)	**kokkuhoidlik**	[kokkuhojtlik]
betalen (ww)	**tasuma**	[tasuma]
betaling (de)	**maksmine**	[maksmine]
wisselgeld (het)	**tagasiantav raha**	[tagasiantaʋ raha]
belasting (de)	**maks**	[maks]
boete (de)	**trahv**	[trahʋ]
beboeten (bekeuren)	**trahvima**	[trahʋima]

42. Post. Postkantoor

postkantoor (het)	**postkontor**	[posʲtkontor]
post (de)	**post**	[posʲt]
postbode (de)	**postiljon**	[posʲtiljon]
openingsuren (mv.)	**töötunnid**	[tø:tunnit]
brief (de)	**kiri**	[kiri]
aangetekende brief (de)	**tähitud kiri**	[tæhitut kiri]
briefkaart (de)	**postkaart**	[posʲtka:rt]
telegram (het)	**telegramm**	[telegramm]
postpakket (het)	**pakk**	[pakk]
overschrijving (de)	**rahaülekanne**	[rahaʉlekanne]
ontvangen (ww)	**kätte saama**	[kætte sa:ma]
sturen (zenden)	**saatma**	[sa:tma]
verzending (de)	**saatmine**	[sa:tmine]
adres (het)	**aadress**	[a:dress]
postcode (de)	**indeks**	[indeks]
verzender (de)	**saatja**	[sa:tja]
ontvanger (de)	**saaja**	[sa:ja]
naam (de)	**eesnimi**	[e:snimi]
achternaam (de)	**perekonnanimi**	[perekonnanimi]
tarief (het)	**tariif**	[tari:f]
standaard (bn)	**harilik**	[harilik]
zuinig (bn)	**soodustariif**	[so:dusʲtari:f]
gewicht (het)	**kaal**	[ka:lʲ]
afwegen (op de weegschaal)	**kaaluma**	[ka:luma]
envelop (de)	**ümbrik**	[ʉmbrik]
postzegel (de)	**mark**	[mark]
een postzegel plakken op	**marki peale kleepima**	[marki peale kle:pima]

43. Bankieren

bank (de)	**pank**	[pank]
bankfiliaal (het)	**osakond**	[osakont]

bankbediende (de) **konsultant** [konsulʲtant]
manager (de) **juhataja** [juhataja]

bankrekening (de) **pangakonto** [pangakonto]
rekeningnummer (het) **arve number** [arʋe number]
lopende rekening (de) **jooksev arve** [jo:kseʋ arʋe]
spaarrekening (de) **kogumisarve** [kogumisarʋe]

een rekening openen **arvet avama** [arʋet aʋama]
de rekening sluiten **arvet lõpetama** [arʋet lɜpetama]
op rekening storten **arvele panema** [arʋele panema]
opnemen (ww) **arvelt võtma** [arʋelʲt ʋɜtma]

storting (de) **hoius** [hojus]
een storting maken **hoiust tegema** [hojusʲt tegema]
overschrijving (de) **ülekanne** [ʉlekanne]
een overschrijving maken **üle kandma** [ʉle kandma]

som (de) **summa** [summa]
Hoeveel? **Kui palju?** [kui palju?]

handtekening (de) **allkiri** [alʲkiri]
ondertekenen (ww) **allkirjastama** [alʲkirjasʲtama]

kredietkaart (de) **krediidikaart** [kredi:dika:rt]
code (de) **kood** [ko:t]
kredietkaartnummer (het) **krediidikaardi number** [kredi:dika:rdi number]
geldautomaat (de) **pangaautomaat** [panga:utoma:t]

cheque (de) **tšekk** [tʃekk]
een cheque uitschrijven **tšekki välja kirjutama** [tʃekki ʋælja kirjutama]
chequeboekje (het) **tšekiraamat** [tʃekira:mat]

lening, krediet (de) **pangalaen** [pangalaen]
een lening aanvragen **laenu taotlema** [laenu taotlema]
een lening nemen **laenu võtma** [laenu ʋɜtma]
een lening verlenen **laenu andma** [laenu andma]
garantie (de) **tagatis** [tagatis]

44. Telefoon. Telefoongesprek

telefoon (de) **telefon** [telefon]
mobieltje (het) **mobiiltelefon** [mobi:lʲtelefon]
antwoordapparaat (het) **automaatvastaja** [automa:tʋasʲtaja]

bellen (ww) **helistama** [helisʲtama]
belletje (telefoontje) **telefonihelin** [telefonihelin]

een nummer draaien **numbrit valima** [numbrit ʋalima]
Hallo! **hallo!** [halʲo!]
vragen (ww) **küsima** [kʉsima]
antwoorden (ww) **vastama** [ʋasʲtama]
horen (ww) **kuulma** [ku:lʲma]
goed (bw) **hästi** [hæsʲti]

slecht (bw)	**halvasti**	[halʲʋasʲti]
storingen (mv.)	**häired**	[hæjret]
hoorn (de)	**telefonitoru**	[telefonitoru]
opnemen (ww)	**toru hargilt võtma**	[toru hargilʲt ʋɜtma]
ophangen (ww)	**toru hargile panema**	[toru hargile panema]
bezet (bn)	**liin on kinni**	[li:n on kinni]
overgaan (ww)	**telefon heliseb**	[telefon heliseb]
telefoonboek (het)	**telefoniraamat**	[telefonira:mat]
lokaal (bn)	**kohalik**	[kohalik]
lokaal gesprek (het)	**kohalik kõne**	[kohalik kɜne]
interlokaal (bn)	**kauge-**	[kauge-]
interlokaal gesprek (het)	**kaugekõne**	[kaugekɜne]
buitenlands (bn)	**rahvusvaheline**	[rahʋusʋaheline]
buitenlands gesprek (het)	**rahvusvaheline kõne**	[rahʋusʋaheline kɜne]

45. Mobiele telefoon

mobieltje (het)	**mobiiltelefon**	[mobi:lʲtelefon]
scherm (het)	**kuvar**	[kuʋar]
toets, knop (de)	**nupp**	[nupp]
simkaart (de)	**SIM-kaart**	[sim-ka:rt]
batterij (de)	**patarei**	[patarej]
leeg zijn (ww)	**tühjaks minema**	[tʉhjaks minema]
acculader (de)	**laadimisseade**	[la:dimisseade]
menu (het)	**menüü**	[menʉ:]
instellingen (mv.)	**häälestused**	[hæ:lesʲtuset]
melodie (beltoon)	**viis**	[ʋi:s]
selecteren (ww)	**valima**	[ʋalima]
rekenmachine (de)	**kalkulaator**	[kalʲkula:tor]
voicemail (de)	**automaatvastaja**	[automa:tʋasʲtaja]
wekker (de)	**äratuskell**	[æratuskelʲ]
contacten (mv.)	**telefoniraamat**	[telefonira:mat]
SMS-bericht (het)	**SMS-sõnum**	[sms-sɜnum]
abonnee (de)	**abonent**	[abonent]

46. Schrijfbehoeften

balpen (de)	**pastakas**	[pasʲtakas]
vulpen (de)	**sulepea**	[sulepea]
potlood (het)	**pliiats**	[pli:ats]
marker (de)	**marker**	[marker]
viltstift (de)	**viltpliiats**	[ʋilʲtpli:ats]
notitieboekje (het)	**klade**	[klade]
agenda (boekje)	**päevik**	[pæəʋik]

liniaal (de/het)	**joonlaud**	[jo:nlaut]
rekenmachine (de)	**kalkulaator**	[kalʲkula:tor]
gom (de)	**kustutuskumm**	[kusʲtutuskumm]
punaise (de)	**rõhknael**	[rɜhknaelʲ]
paperclip (de)	**kirjaklamber**	[kirjaklamber]
lijm (de)	**liim**	[li:m]
nietmachine (de)	**stepler**	[sʲtepler]
perforator (de)	**auguraud**	[auguraut]
potloodslijper (de)	**pliiatsiteritaja**	[pli:atsiteritaja]

47. Vreemde talen

taal (de)	**keel**	[ke:lʲ]
vreemd (bn)	**võõr-**	[ʋɜ:r-]
vreemde taal (de)	**võõrkeel**	[ʋɜ:rke:lʲ]
leren (bijv. van buiten ~)	**uurima**	[u:rima]
studeren (Nederlands ~)	**õppima**	[ɜppima]
lezen (ww)	**lugema**	[lugema]
spreken (ww)	**rääkima**	[ræ:kima]
begrijpen (ww)	**aru saama**	[aru sa:ma]
schrijven (ww)	**kirjutama**	[kirjutama]
snel (bw)	**kiiresti**	[ki:resʲti]
langzaam (bw)	**aeglaselt**	[aeglaselʲt]
vloeiend (bw)	**vabalt**	[ʋabalʲt]
regels (mv.)	**reeglid**	[re:glit]
grammatica (de)	**grammatika**	[grammatika]
vocabulaire (het)	**sõnavara**	[sɜnaʋara]
fonetiek (de)	**foneetika**	[fone:tika]
leerboek (het)	**õpik**	[ɜpik]
woordenboek (het)	**sõnaraamat**	[sɜnara:mat]
leerboek (het) voor zelfstudie	**õpik iseõppijaile**	[ɜpik iseɜppijaile]
taalgids (de)	**vestmik**	[ʋesʲtmik]
cassette (de)	**kassett**	[kassett]
videocassette (de)	**videokassett**	[ʋideokassett]
CD (de)	**CD-plaat**	[ʦede pla:t]
DVD (de)	**DVD**	[duʋ]
alfabet (het)	**tähestik**	[tæhesʲtik]
spellen (ww)	**veerima**	[ʋe:rima]
uitspraak (de)	**hääldamine**	[hæ:lʲdamine]
accent (het)	**aktsent**	[aktsent]
met een accent (bw)	**aktsendiga**	[aktsendiga]
zonder accent (bw)	**ilma aktsendita**	[ilʲma aktsendita]
woord (het)	**sõna**	[sɜna]
betekenis (de)	**mõiste**	[mɜisʲte]
cursus (de)	**kursused**	[kursuset]

zich inschrijven (ww)	**kirja panema**	[kirja panema]
leraar (de)	**õppejõud**	[ɜppejɜut]
vertaling (een ~ maken)	**tõlkimine**	[tɜlʲkimine]
vertaling (tekst)	**tõlge**	[tɜlʲge]
vertaler (de)	**tõlk**	[tɜlʲk]
tolk (de)	**tõlk**	[tɜlʲk]
polyglot (de)	**polüglott**	[polʉglott]
geheugen (het)	**mälu**	[mælu]

MAALTIJDEN. RESTAURANT

48. Tafelschikking

lepel (de)	**lusikas**	[lusikas]
mes (het)	**nuga**	[nuga]
vork (de)	**kahvel**	[kahʋelʲ]
kopje (het)	**tass**	[tass]
bord (het)	**taldrik**	[talʲdrik]
schoteltje (het)	**alustass**	[alusʲtass]
servet (het)	**salvrätik**	[salʲʋrætik]
tandenstoker (de)	**hambaork**	[hambaork]

49. Restaurant

restaurant (het)	**restoran**	[resʲtoran]
koffiehuis (het)	**kohvituba**	[kohʋituba]
bar (de)	**baar**	[ba:r]
tearoom (de)	**teesalong**	[te:salong]
kelner, ober (de)	**kelner**	[kelʲner]
serveerster (de)	**ettekandja**	[ettekandja]
barman (de)	**baarimees**	[ba:rime:s]
menu (het)	**menüü**	[menʉ:]
wijnkaart (de)	**veinikaart**	[ʋejnika:rt]
een tafel reserveren	**lauda kinni panema**	[lauda kinni panema]
gerecht (het)	**roog**	[ro:g]
bestellen (eten ~)	**tellima**	[telʲima]
een bestelling maken	**tellimust andma**	[telʲimusʲt andma]
aperitief (de/het)	**aperitiiv**	[aperiti:ʋ]
voorgerecht (het)	**suupiste**	[su:pisʲte]
dessert (het)	**magustoit**	[magusʲtojt]
rekening (de)	**arve**	[arʋe]
de rekening betalen	**arvet maksma**	[arʋet maksma]
wisselgeld teruggeven	**raha tagasi andma**	[raha tagasi andma]
fooi (de)	**jootraha**	[jo:traha]

50. Maaltijden

eten (het)	**söök**	[sø:k]
eten (ww)	**sööma**	[sø:ma]

ontbijt (het)	**hommikusöök**	[hommikusø:k]
ontbijten (ww)	**hommikust sööma**	[hommikusʲt sø:ma]
lunch (de)	**lõuna**	[lɜuna]
lunchen (ww)	**lõunat sööma**	[lɜunat sø:ma]
avondeten (het)	**õhtusöök**	[ɜhtusø:k]
souperen (ww)	**õhtust sööma**	[ɜhtusʲt sø:ma]
eetlust (de)	**söögiisu**	[sø:gi:su]
Eet smakelijk!	**Head isu!**	[heat isu!]
openen (een fles ~)	**avama**	[aʋama]
morsen (koffie, enz.)	**maha valama**	[maha ʋalama]
zijn gemorst	**maha voolama**	[maha ʋo:lama]
koken (water kookt bij 100°C)	**keema**	[ke:ma]
koken (Hoe om water te ~)	**keetma**	[ke:tma]
gekookt (~ water)	**keedetud**	[ke:detut]
afkoelen (koeler maken)	**jahutama**	[jahutama]
afkoelen (koeler worden)	**jahtuma**	[jahtuma]
smaak (de)	**maitse**	[maitse]
nasmaak (de)	**kõrvalmaitse**	[kɜrʋalʲmaitse]
volgen een dieet	**kaalus alla võtma**	[ka:lus alʲæ ʋɜtma]
dieet (het)	**dieet**	[die:t]
vitamine (de)	**vitamiin**	[ʋitami:n]
calorie (de)	**kalor**	[kalor]
vegetariër (de)	**taimetoitlane**	[taimetojtlane]
vegetarisch (bn)	**taimetoitluslik**	[taimetojtluslik]
vetten (mv.)	**rasvad**	[rasʋat]
eiwitten (mv.)	**valgud**	[ʋalʲgut]
koolhydraten (mv.)	**süsivesikud**	[sʉsiʋesikut]
snede (de)	**viil**	[ʋi:lʲ]
stuk (bijv. een ~ taart)	**tükk**	[tʉkk]
kruimel (de)	**puru**	[puru]

51. Bereide gerechten

gerecht (het)	**roog**	[ro:g]
keuken (bijv. Franse ~)	**köök**	[kø:k]
recept (het)	**retsept**	[retsept]
portie (de)	**portsjon**	[portsjon]
salade (de)	**salat**	[salat]
soep (de)	**supp**	[supp]
bouillon (de)	**puljong**	[puljong]
boterham (de)	**võileib**	[ʋɜjlejb]
spiegelei (het)	**munaroog**	[munaro:g]
hamburger (de)	**hamburger**	[hamburger]
biefstuk (de)	**biifsteek**	[bi:fsʲte:k]
garnering (de)	**lisand**	[lisant]

spaghetti (de)	**spagetid**	[spagetit]
aardappelpuree (de)	**kartulipüree**	[kartulipʉre:]
pizza (de)	**pitsa**	[pitsa]
pap (de)	**puder**	[puder]
omelet (de)	**omlett**	[omlett]
gekookt (in water)	**keedetud**	[ke:detut]
gerookt (bn)	**suitsutatud**	[suitsutatut]
gebakken (bn)	**praetud**	[praetut]
gedroogd (bn)	**kuivatatud**	[kuiʋatatut]
diepvries (bn)	**külmutatud**	[kʉlʲmutatut]
gemarineerd (bn)	**marineeritud**	[marine:ritut]
zoet (bn)	**magus**	[magus]
gezouten (bn)	**soolane**	[so:lane]
koud (bn)	**külm**	[kʉlʲm]
heet (bn)	**kuum**	[ku:m]
bitter (bn)	**mõru**	[mɜru]
lekker (bn)	**maitsev**	[maitseʋ]
koken (in kokend water)	**keetma**	[ke:tma]
bereiden (avondmaaltijd ~)	**süüa tegema**	[sʉ:a tegema]
bakken (ww)	**praadima**	[pra:dima]
opwarmen (ww)	**soojendama**	[so:jendama]
zouten (ww)	**soolama**	[so:lama]
peperen (ww)	**pipardama**	[pipardama]
raspen (ww)	**riivima**	[ri:ʋima]
schil (de)	**koor**	[ko:r]
schillen (ww)	**koorima**	[ko:rima]

52. Voedsel

vlees (het)	**liha**	[liha]
kip (de)	**kana**	[kana]
kuiken (het)	**kanapoeg**	[kanapoeg]
eend (de)	**part**	[part]
gans (de)	**hani**	[hani]
wild (het)	**metslinnud**	[metslinnut]
kalkoen (de)	**kalkun**	[kalʲkun]
varkensvlees (het)	**sealiha**	[sealiha]
kalfsvlees (het)	**vasikaliha**	[ʋasikaliha]
schapenvlees (het)	**lambaliha**	[lambaliha]
rundvlees (het)	**loomaliha**	[lo:maliha]
konijnenvlees (het)	**küülik**	[kʉ:lik]
worst (de)	**vorst**	[ʋorsʲt]
saucijs (de)	**viiner**	[ʋi:ner]
spek (het)	**peekon**	[pe:kon]
ham (de)	**sink**	[sink]
gerookte achterham (de)	**sink**	[sink]
paté, pastei (de)	**pasteet**	[pasʲte:t]
lever (de)	**maks**	[maks]

gehakt (het)	**hakkliha**	[hakkliha]
tong (de)	**keel**	[ke:lʲ]
ei (het)	**muna**	[muna]
eieren (mv.)	**munad**	[munat]
eiwit (het)	**munavalge**	[munaʋalʲge]
eigeel (het)	**munakollane**	[munakolʲæne]
vis (de)	**kala**	[kala]
zeevruchten (mv.)	**mereannid**	[mereannit]
schaaldieren (mv.)	**koorikloomad**	[ko:riklo:mat]
kaviaar (de)	**kalamari**	[kalamari]
krab (de)	**krabi**	[krabi]
garnaal (de)	**krevett**	[kreʋett]
oester (de)	**auster**	[ausʲter]
langoest (de)	**langust**	[langusʲt]
octopus (de)	**kaheksajalg**	[kaheksajalʲg]
inktvis (de)	**kalmaar**	[kalʲma:r]
steur (de)	**tuurakala**	[tu:rakala]
zalm (de)	**lõhe**	[lɜhe]
heilbot (de)	**paltus**	[palʲtus]
kabeljauw (de)	**tursk**	[tursk]
makreel (de)	**skumbria**	[skumbria]
tonijn (de)	**tuunikala**	[tu:nikala]
paling (de)	**angerjas**	[angerjas]
forel (de)	**forell**	[forelʲ]
sardine (de)	**sardiin**	[sardi:n]
snoek (de)	**haug**	[haug]
haring (de)	**heeringas**	[he:ringas]
brood (het)	**leib**	[lejb]
kaas (de)	**juust**	[ju:sʲt]
suiker (de)	**suhkur**	[suhkur]
zout (het)	**sool**	[so:lʲ]
rijst (de)	**riis**	[ri:s]
pasta (de)	**makaronid**	[makaronit]
noedels (mv.)	**lintnuudlid**	[lintnu:tlit]
boter (de)	**või**	[ʋɜi]
plantaardige olie (de)	**taimeõli**	[taimeɜli]
zonnebloemolie (de)	**päevalilleõli**	[pæəʋalilʲeɜli]
margarine (de)	**margariin**	[margari:n]
olijven (mv.)	**oliivid**	[oli:ʋit]
olijfolie (de)	**oliivõli**	[oli:ʋɜli]
melk (de)	**piim**	[pi:m]
gecondenseerde melk (de)	**kondenspiim**	[kondenspi:m]
yoghurt (de)	**jogurt**	[jogurt]
zure room (de)	**hapukoor**	[hapuko:r]
room (de)	**koor**	[ko:r]

mayonaise (de)	**majonees**	[majone:s]
crème (de)	**kreem**	[kre:m]
graan (het)	**tangud**	[tangut]
meel (het), bloem (de)	**jahu**	[jahu]
conserven (mv.)	**konservid**	[konserʋit]
maïsvlokken (mv.)	**maisihelbed**	[maisihelʲbet]
honing (de)	**mesi**	[mesi]
jam (de)	**džemm**	[ʤemm]
kauwgom (de)	**närimiskumm**	[nærimiskumm]

53. Drankjes

water (het)	**vesi**	[ʋesi]
drinkwater (het)	**joogivesi**	[jo:giʋesi]
mineraalwater (het)	**mineraalvesi**	[minera:lʲʋesi]
zonder gas	**gaasita**	[ga:sita]
koolzuurhoudend (bn)	**gaseeritud**	[gase:ritut]
bruisend (bn)	**gaasiga**	[ga:siga]
IJs (het)	**jää**	[jæ:]
met ijs	**jääga**	[jæ:ga]
alcohol vrij (bn)	**alkoholivaba**	[alʲkoholiʋaba]
alcohol vrije drank (de)	**alkoholivaba jook**	[alʲkoholiʋaba jo:k]
frisdrank (de)	**karastusjook**	[karasʲtusjo:k]
limonade (de)	**limonaad**	[limona:t]
alcoholische dranken (mv.)	**alkohoolsed joogid**	[alʲkoho:lʲset jo:git]
wijn (de)	**vein**	[ʋejn]
witte wijn (de)	**valge vein**	[ʋalʲge ʋejn]
rode wijn (de)	**punane vein**	[punane ʋejn]
likeur (de)	**liköör**	[likø:r]
champagne (de)	**šampus**	[ʃampus]
vermout (de)	**vermut**	[ʋermut]
whisky (de)	**viski**	[ʋiski]
wodka (de)	**viin**	[ʋi:n]
gin (de)	**džinn**	[ʤinn]
cognac (de)	**konjak**	[konjak]
rum (de)	**rumm**	[rumm]
koffie (de)	**kohv**	[kohʋ]
zwarte koffie (de)	**must kohv**	[musʲt kohʋ]
koffie (de) met melk	**piimaga kohv**	[pi:maga kohʋ]
cappuccino (de)	**koorega kohv**	[ko:rega kohʋ]
oploskoffie (de)	**lahustuv kohv**	[lahusʲtuʋ kohʋ]
melk (de)	**piim**	[pi:m]
cocktail (de)	**kokteil**	[koktejlʲ]
milkshake (de)	**piimakokteil**	[pi:maktejlʲ]
sap (het)	**mahl**	[mahlʲ]

tomatensap (het)	**tomatimahl**	[tomatimahlʲ]
sinaasappelsap (het)	**apelsinimahl**	[apelʲsinimahlʲ]
vers geperst sap (het)	**värskelt pressitud mahl**	[ʋærskelʲt pressitut mahlʲ]
bier (het)	**õlu**	[ɜlu]
licht bier (het)	**hele õlu**	[hele ɜlu]
donker bier (het)	**tume õlu**	[tume ɜlu]
thee (de)	**tee**	[te:]
zwarte thee (de)	**must tee**	[musʲt te:]
groene thee (de)	**roheline tee**	[roheline te:]

54. Groenten

groenten (mv.)	**juurviljad**	[ju:rʋiljat]
verse kruiden (mv.)	**maitseroheline**	[maitseroheline]
tomaat (de)	**tomat**	[tomat]
augurk (de)	**kurk**	[kurk]
wortel (de)	**porgand**	[porgant]
aardappel (de)	**kartul**	[kartulʲ]
ui (de)	**sibul**	[sibulʲ]
knoflook (de)	**küüslauk**	[kʉ:slauk]
kool (de)	**kapsas**	[kapsas]
bloemkool (de)	**lillkapsas**	[lilʲkapsas]
spruitkool (de)	**brüsseli kapsas**	[brʉsseli kapsas]
broccoli (de)	**brokkoli**	[brokkoli]
rode biet (de)	**peet**	[pe:t]
aubergine (de)	**baklažaan**	[baklaʒa:n]
courgette (de)	**suvikõrvits**	[suʋikɜrʋits]
pompoen (de)	**kõrvits**	[kɜrʋits]
raap (de)	**naeris**	[naeris]
peterselie (de)	**petersell**	[peterselʲ]
dille (de)	**till**	[tilʲ]
sla (de)	**salat**	[salat]
selderij (de)	**seller**	[selʲer]
asperge (de)	**aspar**	[aspar]
spinazie (de)	**spinat**	[spinat]
erwt (de)	**hernes**	[hernes]
bonen (mv.)	**oad**	[oat]
maïs (de)	**mais**	[mais]
boon (de)	**aedoad**	[aedoat]
peper (de)	**pipar**	[pipar]
radijs (de)	**redis**	[redis]
artisjok (de)	**artišokk**	[artiʃokk]

55. Vruchten. Noten

vrucht (de)	**puuvili**	[pu:ʋili]
appel (de)	**õun**	[ɜun]
peer (de)	**pirn**	[pirn]
citroen (de)	**sidrun**	[sidrun]
sinaasappel (de)	**apelsin**	[apelʲsin]
aardbei (de)	**aedmaasikas**	[aedma:sikas]
mandarijn (de)	**mandariin**	[mandari:n]
pruim (de)	**ploom**	[plo:m]
perzik (de)	**virsik**	[ʋirsik]
abrikoos (de)	**aprikoos**	[apriko:s]
framboos (de)	**vaarikas**	[ʋa:rikas]
ananas (de)	**ananass**	[ananass]
banaan (de)	**banaan**	[bana:n]
watermeloen (de)	**arbuus**	[arbu:s]
druif (de)	**viinamarjad**	[ʋi:namarjat]
zure kers (de)	**kirss**	[kirss]
zoete kers (de)	**murel**	[murelʲ]
meloen (de)	**melon**	[melon]
grapefruit (de)	**greip**	[grejp]
avocado (de)	**avokaado**	[aʋoka:do]
papaja (de)	**papaia**	[papaia]
mango (de)	**mango**	[mango]
granaatappel (de)	**granaatõun**	[grana:tɜun]
rode bes (de)	**punane sõstar**	[punane sɜsʲtar]
zwarte bes (de)	**must sõstar**	[musʲt sɜsʲtar]
kruisbes (de)	**karusmari**	[karusmari]
bosbes (de)	**mustikas**	[musʲtikas]
braambes (de)	**põldmari**	[pɜlʲdmari]
rozijn (de)	**rosinad**	[rosinat]
vijg (de)	**ingver**	[inguer]
dadel (de)	**dattel**	[dattelʲ]
pinda (de)	**maapähkel**	[ma:pæhkelʲ]
amandel (de)	**mandlipähkel**	[mantlipæhkelʲ]
walnoot (de)	**kreeka pähkel**	[kre:ka pæhkelʲ]
hazelnoot (de)	**sarapuupähkel**	[sarapu:pæhkelʲ]
kokosnoot (de)	**kookospähkel**	[ko:kospæhkelʲ]
pistaches (mv.)	**pistaatsiapähkel**	[pisʲta:tsiapæhkelʲ]

56. Brood. Snoep

suikerbakkerij (de)	**kondiitritooted**	[kondi:trito:tet]
brood (het)	**leib**	[lejb]
koekje (het)	**küpsis**	[kʉpsis]
chocolade (de)	**šokolaad**	[ʃokola:t]
chocolade- (abn)	**šokolaadi-**	[ʃokola:di-]

snoepje (het)	**komm**	[komm]
cakeje (het)	**kook**	[ko:k]
taart (bijv. verjaardags~)	**tort**	[tort]
pastei (de)	**pirukas**	[pirukas]
vulling (de)	**täidis**	[tæjdis]
confituur (de)	**moos**	[mo:s]
marmelade (de)	**marmelaad**	[marmela:t]
wafel (de)	**vahvlid**	[ʋahʋlit]
IJsje (het)	**jäätis**	[jæ:tis]

57. Kruiden

zout (het)	**sool**	[so:lʲ]
gezouten (bn)	**soolane**	[so:lane]
zouten (ww)	**soolama**	[so:lama]
zwarte peper (de)	**must pipar**	[musʲt pipar]
rode peper (de)	**punane pipar**	[punane pipar]
mosterd (de)	**sinep**	[sinep]
mierikswortel (de)	**mädarõigas**	[mædarɜigas]
condiment (het)	**maitseaine**	[maitseaine]
specerij , kruiderij (de)	**vürts**	[ʋʉrts]
saus (de)	**kaste**	[kasʲte]
azijn (de)	**äädikas**	[æ:dikas]
anijs (de)	**aniis**	[ani:s]
basilicum (de)	**basiilik**	[basi:lik]
kruidnagel (de)	**nelk**	[nelʲk]
gember (de)	**ingver**	[ingʋer]
koriander (de)	**koriander**	[koriander]
kaneel (de/het)	**kaneel**	[kane:lʲ]
sesamzaad (het)	**seesamiseemned**	[se:samise:mnet]
laurierblad (het)	**loorber**	[lo:rber]
paprika (de)	**paprika**	[paprika]
komijn (de)	**köömned**	[kø:mnet]
saffraan (de)	**safran**	[safran]

PERSOONLIJKE INFORMATIE. FAMILIE

58. Persoonlijke informatie. Formulieren

naam (de)	**eesnimi**	[e:snimi]
achternaam (de)	**perekonnnimi**	[perekonnnimi]
geboortedatum (de)	**sünniaeg**	[sʉnniaeg]
geboorteplaats (de)	**sünnikoht**	[sʉnnikoht]
nationaliteit (de)	**rahvus**	[rahʋus]
woonplaats (de)	**elukoht**	[elukoht]
land (het)	**riik**	[ri:k]
beroep (het)	**elukutse**	[elukutse]
geslacht (ov. het vrouwelijk ~)	**sugu**	[sugu]
lengte (de)	**kasv**	[kasʋ]
gewicht (het)	**kaal**	[ka:lʲ]

59. Familieleden. Verwanten

moeder (de)	**ema**	[ema]
vader (de)	**isa**	[isa]
zoon (de)	**poeg**	[poeg]
dochter (de)	**tütar**	[tʉtar]
jongste dochter (de)	**noorem tütar**	[no:rem tʉtar]
jongste zoon (de)	**noorem poeg**	[no:rem poeg]
oudste dochter (de)	**vanem tütar**	[ʋanem tʉtar]
oudste zoon (de)	**vanem poeg**	[ʋanem poeg]
broer (de)	**vend**	[ʋent]
oudere broer (de)	**vanem vend**	[ʋanem ʋent]
jongere broer (de)	**noorem vend**	[no:rem ʋent]
zuster (de)	**õde**	[ɜde]
oudere zuster (de)	**vanem õde**	[ʋanem ɜde]
jongere zuster (de)	**noorem õde**	[no:rem ɜde]
neef (zoon van oom, tante)	**onupoeg**	[onupoeg]
nicht (dochter van oom, tante)	**onutütar**	[onutʉtar]
mama (de)	**mamma**	[mamma]
papa (de)	**papa**	[papa]
ouders (mv.)	**vanemad**	[ʋanemat]
kind (het)	**laps**	[laps]
kinderen (mv.)	**lapsed**	[lapset]
oma (de)	**vanaema**	[ʋanaema]
opa (de)	**vanaisa**	[ʋanaisa]

kleinzoon (de)	**lapselaps**	[lapselaps]
kleindochter (de)	**lapselaps**	[lapselaps]
kleinkinderen (mv.)	**lapselapsed**	[lapselapset]
oom (de)	**onu**	[onu]
tante (de)	**tädi**	[tædi]
neef (zoon van broer, zus)	**vennapoeg**	[ʋennapoeg]
nicht (dochter van broer ,zus)	**vennatütar**	[ʋennatʉtar]
schoonmoeder (de)	**ämm**	[æmm]
schoonvader (de)	**äi**	[æj]
schoonzoon (de)	**väimees**	[ʋæjme:s]
stiefmoeder (de)	**võõrasema**	[ʋɜ:rasema]
stiefvader (de)	**võõrasisa**	[ʋɜ:rasisa]
zuigeling (de)	**rinnalaps**	[rinnalaps]
wiegenkind (het)	**imik**	[imik]
kleuter (de)	**väikelaps**	[ʋæjkelaps]
vrouw (de)	**naine**	[naine]
man (de)	**mees**	[me:s]
echtgenoot (de)	**abikaasa**	[abika:sa]
echtgenote (de)	**abikaasa**	[abika:sa]
gehuwd (mann.)	**abielus**	[abielus]
gehuwd (vrouw.)	**abielus**	[abielus]
ongehuwd (mann.)	**vallaline**	[ʋalʲæline]
vrijgezel (de)	**vanapoiss**	[ʋanapojss]
gescheiden (bn)	**lahutatud**	[lahutatut]
weduwe (de)	**lesk**	[lesk]
weduwnaar (de)	**lesk**	[lesk]
familielid (het)	**sugulane**	[sugulane]
dichte familielid (het)	**lähedane sugulane**	[lʲæhedane sugulane]
verre familielid (het)	**kaugelt sugulane**	[kaugelʲt sugulane]
familieleden (mv.)	**sugulased**	[sugulaset]
wees (de), weeskind (het)	**orb**	[orb]
voogd (de)	**eestkostja**	[e:sʲtkosʲtja]
adopteren (een jongen te ~)	**lapsendama**	[lapsendama]
adopteren (een meisje te ~)	**lapsendama**	[lapsendama]

60. Vrienden. Collega's

vriend (de)	**sõber**	[sɜber]
vriendin (de)	**sõbranna**	[sɜbranna]
vriendschap (de)	**sõprus**	[sɜprus]
bevriend zijn (ww)	**sõber olla**	[sɜber olʲæ]
makker (de)	**sõber**	[sɜber]
vriendin (de)	**sõbranna**	[sɜbranna]
partner (de)	**partner**	[partner]
chef (de)	**šeff**	[ʃeff]
baas (de)	**ülemus**	[ʉlemus]

eigenaar (de)	**omanik**	[omanik]
ondergeschikte (de)	**alluv**	[alʲuʋ]
collega (de)	**kolleeg**	[kolʲe:g]
kennis (de)	**tuttav**	[tuttaʋ]
medereiziger (de)	**teekaaslane**	[te:ka:slane]
klasgenoot (de)	**klassikaaslane**	[klassika:slane]
buurman (de)	**naaber**	[na:ber]
buurvrouw (de)	**naabrinaine**	[na:brinaine]
buren (mv.)	**naabrid**	[na:brit]

MENSELIJK LICHAAM. GENEESKUNDE

61. Hoofd

hoofd (het)	**pea**	[pea]
gezicht (het)	**nägu**	[nægu]
neus (de)	**nina**	[nina]
mond (de)	**suu**	[su:]
oog (het)	**silm**	[silʲm]
ogen (mv.)	**silmad**	[silʲmat]
pupil (de)	**silmatera**	[silʲmatera]
wenkbrauw (de)	**kulm**	[kulʲm]
wimper (de)	**ripse**	[ripse]
ooglid (het)	**silmalaug**	[silʲmalaug]
tong (de)	**keel**	[ke:lʲ]
tand (de)	**hammas**	[hammas]
lippen (mv.)	**huuled**	[hu:let]
jukbeenderen (mv.)	**põsesarnad**	[pɜsesarnat]
tandvlees (het)	**ige**	[ige]
gehemelte (het)	**suulagi**	[su:lagi]
neusgaten (mv.)	**sõõrmed**	[sɜ:rmet]
kin (de)	**lõug**	[lɜug]
kaak (de)	**lõualuu**	[lɜualu:]
wang (de)	**põsk**	[pɜsk]
voorhoofd (het)	**laup**	[laup]
slaap (de)	**meelekoht**	[me:lekoht]
oor (het)	**kõrv**	[kɜrʋ]
achterhoofd (het)	**kukal**	[kukalʲ]
hals (de)	**kael**	[kaelʲ]
keel (de)	**kõri**	[kɜri]
haren (mv.)	**juuksed**	[ju:kset]
kapsel (het)	**soeng**	[soeng]
haarsnit (de)	**juukselõikus**	[ju:kselɜikus]
pruik (de)	**parukas**	[parukas]
snor (de)	**vuntsid**	[ʋuntsit]
baard (de)	**habe**	[habe]
dragen (een baard, enz.)	**kandma**	[kandma]
vlecht (de)	**pats**	[pats]
bakkebaarden (mv.)	**bakenbardid**	[bakenbardit]
ros (roodachtig, rossig)	**punapea**	[punapea]
grijs (~ haar)	**hall**	[halʲ]
kaal (bn)	**kiilas**	[ki:las]
kale plek (de)	**kiilaspea**	[ki:laspea]

paardenstaart (de)	**hobusesaba**	[hobusesaba]
pony (de)	**tukk**	[tukk]

62. Menselijk lichaam

hand (de)	**käelaba**	[kæəlaba]
arm (de)	**käsi**	[kæsi]
vinger (de)	**sõrm**	[sɜrm]
teen (de)	**varvas**	[ʋarʋas]
duim (de)	**pöial**	[pøialʲ]
pink (de)	**väike sõrm**	[ʋæjke sɜrm]
nagel (de)	**küüs**	[kʉ:s]
vuist (de)	**rusikas**	[rusikas]
handpalm (de)	**peopesa**	[peopesa]
pols (de)	**ranne**	[ranne]
voorarm (de)	**küünarvars**	[kʉ:narʋars]
elleboog (de)	**küünarnukk**	[kʉ:narnukk]
schouder (de)	**õlg**	[ɜlʲg]
been (rechter ~)	**säär**	[sæ:r]
voet (de)	**jalalaba**	[jalalaba]
knie (de)	**põlv**	[pɜlʲʋ]
kuit (de)	**sääremari**	[sæ:remari]
heup (de)	**puus**	[pu:s]
hiel (de)	**kand**	[kant]
lichaam (het)	**keha**	[keha]
buik (de)	**kõht**	[kɜht]
borst (de)	**rind**	[rint]
borst (de)	**rind**	[rint]
zijde (de)	**külg**	[kʉlʲg]
rug (de)	**selg**	[selʲg]
lage rug (de)	**ristluud**	[risʲtlu:t]
taille (de)	**talje**	[talje]
navel (de)	**naba**	[naba]
billen (mv.)	**tuharad**	[tuharat]
achterwerk (het)	**tagumik**	[tagumik]
huidvlek (de)	**sünnimärk**	[sʉnnimærk]
moedervlek (de)	**sünnimärk**	[sʉnnimærk]
tatoeage (de)	**tätoveering**	[tætoʋe:ring]
litteken (het)	**arm**	[arm]

63. Ziekten

ziekte (de)	**haigus**	[haigus]
ziek zijn (ww)	**haige olema**	[haige olema]
gezondheid (de)	**tervis**	[terʋis]
snotneus (de)	**nohu**	[nohu]

angina (de)	**angiin**	[angi:n]
verkoudheid (de)	**külmetus**	[kʉlʲmetus]
verkouden raken (ww)	**külmetuma**	[kʉlʲmetuma]
bronchitis (de)	**bronhiit**	[bronhi:t]
longontsteking (de)	**kopsupõletik**	[kopsupɜletik]
griep (de)	**gripp**	[gripp]
bijziend (bn)	**lühinägelik**	[lʉhinægelik]
verziend (bn)	**kaugenägelik**	[kaugenægelik]
scheelheid (de)	**kõõrdsilmsus**	[kɜ:rdsilʲmsus]
scheel (bn)	**kõõrdsilmne**	[kɜ:rdsilʲmne]
grauwe staar (de)	**katarakt**	[katarakt]
glaucoom (het)	**glaukoom**	[glauko:m]
beroerte (de)	**insult**	[insulʲt]
hartinfarct (het)	**infarkt**	[infarkt]
myocardiaal infarct (het)	**müokardi infarkt**	[mʉokardi infarkt]
verlamming (de)	**halvatus**	[halʲʋatus]
verlammen (ww)	**halvama**	[halʲʋama]
allergie (de)	**allergia**	[alʲergia]
astma (de/het)	**astma**	[asʲtma]
diabetes (de)	**diabeet**	[diabe:t]
tandpijn (de)	**hambavalu**	[hambaʋalu]
tandbederf (het)	**kaaries**	[ka:ries]
diarree (de)	**kõhulahtisus**	[kɜhulahtisus]
constipatie (de)	**kõhukinnisus**	[kɜhukinnisus]
maagstoornis (de)	**kõhulahtisus**	[kɜhulahtisus]
voedselvergiftiging (de)	**mürgitus**	[mʉrgitus]
voedselvergiftiging oplopen	**mürgitust saama**	[mʉrgitusʲt sa:ma]
artritis (de)	**artriit**	[artri:t]
rachitis (de)	**rahhiit**	[rahhi:t]
reuma (het)	**reuma**	[reuma]
arteriosclerose (de)	**ateroskleroos**	[ateosklero:s]
gastritis (de)	**gastriit**	[gasʲtri:t]
blindedarmontsteking (de)	**apenditsiit**	[apenditsi:t]
galblaasontsteking (de)	**koletsüstiit**	[koletsʉsʲti:t]
zweer (de)	**haavand**	[ha:ʋant]
mazelen (mv.)	**leetrid**	[le:trit]
rodehond (de)	**punetised**	[punetiset]
geelzucht (de)	**kollatõbi**	[kolʲætɜbi]
leverontsteking (de)	**hepatiit**	[hepati:t]
schizofrenie (de)	**skisofreenia**	[skisofre:nia]
dolheid (de)	**marutaud**	[marutaut]
neurose (de)	**neuroos**	[neuro:s]
hersenschudding (de)	**ajuvapustus**	[ajuʋapusʲtus]
kanker (de)	**vähk**	[ʋæhk]
sclerose (de)	**skleroos**	[sklero:s]

multiple sclerose (de)	**hajameelne skleroos**	[hajame:lʲne sklero:s]
alcoholisme (het)	**alkoholism**	[alʲkoholism]
alcoholicus (de)	**alkohoolik**	[alʲkoho:lik]
syfilis (de)	**süüfilis**	[sʉ:filis]
AIDS (de)	**AIDS**	[aids]
tumor (de)	**kasvaja**	[kasʋaja]
kwaadaardig (bn)	**pahaloomuline**	[pahalo:muline]
goedaardig (bn)	**healoomuline**	[healo:muline]
koorts (de)	**palavik**	[palaʋik]
malaria (de)	**malaaria**	[mala:ria]
gangreen (het)	**gangreen**	[gangre:n]
zeeziekte (de)	**merehaigus**	[merehaigus]
epilepsie (de)	**epilepsia**	[epilepsia]
epidemie (de)	**epideemia**	[epide:mia]
tyfus (de)	**tüüfus**	[tʉ:fus]
tuberculose (de)	**tuberkuloos**	[tuberkulo:s]
cholera (de)	**koolera**	[ko:lera]
pest (de)	**katk**	[katk]

64. Symptomen. Behandelingen. Deel 1

symptoom (het)	**sümptom**	[sʉmptom]
temperatuur (de)	**temperatuur**	[temperatu:r]
verhoogde temperatuur (de)	**kõrge palavik**	[kɜrge palaʋik]
polsslag (de)	**pulss**	[pulʲss]
duizeling (de)	**peapööritus**	[peapø:ritus]
heet (erg warm)	**kuum**	[ku:m]
koude rillingen (mv.)	**vappekülm**	[ʋappekʉlʲm]
bleek (bn)	**kahvatu**	[kahʋatu]
hoest (de)	**köha**	[køha]
hoesten (ww)	**köhima**	[køhima]
niezen (ww)	**aevastama**	[aeʋasʲtama]
flauwte (de)	**minestus**	[minesʲtus]
flauwvallen (ww)	**teadvust kaotama**	[teadʋusʲt kaotama]
blauwe plek (de)	**sinikas**	[sinikas]
buil (de)	**muhk**	[muhk]
zich stoten (ww)	**ära lööma**	[æra lø:ma]
kneuzing (de)	**haiget saanud koht**	[haiget sa:nut koht]
kneuzen (gekneusd zijn)	**haiget saama**	[haiget sa:ma]
hinken (ww)	**lonkama**	[lonkama]
verstuiking (de)	**nihestus**	[nihesʲtus]
verstuiken (enkel, enz.)	**nihestama**	[nihesʲtama]
breuk (de)	**luumurd**	[lu:murt]
een breuk oplopen	**luud murdma**	[lu:t murdma]
snijwond (de)	**lõikehaav**	[lɜikeha:ʋ]
zich snijden (ww)	**endale sisse lõikama**	[endale sisse lɜikama]

bloeding (de)	**verejooks**	[ʋerejo:ks]
brandwond (de)	**põletushaav**	[pɜletusha:ʋ]
zich branden (ww)	**end ära põletama**	[ent æra pɜletama]
prikken (ww)	**torkama**	[torkama]
zich prikken (ww)	**end torkama**	[ent torkama]
blesseren (ww)	**kergelt haavama**	[kergelʲt ha:ʋama]
blessure (letsel)	**vigastus**	[ʋigasʲtus]
wond (de)	**haav**	[ha:ʋ]
trauma (het)	**trauma**	[trauma]
IJlen (ww)	**sonima**	[sonima]
stotteren (ww)	**kokutama**	[kokutama]
zonnesteek (de)	**päiksepiste**	[pæjksepisʲte]

65. Symptomen. Behandelingen. Deel 2

pijn (de)	**valu**	[ʋalu]
splinter (de)	**pind**	[pint]
zweet (het)	**higi**	[higi]
zweten (ww)	**higistama**	[higisʲtama]
braking (de)	**okse**	[okse]
stuiptrekkingen (mv.)	**krambid**	[krambit]
zwanger (bn)	**rase**	[rase]
geboren worden (ww)	**sündima**	[sʉndima]
geboorte (de)	**sünnitus**	[sʉnnitus]
baren (ww)	**sünnitama**	[sʉnnitama]
abortus (de)	**abort**	[abort]
ademhaling (de)	**hingamine**	[hingamine]
inademing (de)	**sissehingamine**	[sissehingamine]
uitademing (de)	**väljahingamine**	[ʋæljahingamine]
uitademen (ww)	**välja hingama**	[ʋælja hingama]
inademen (ww)	**sisse hingama**	[sisse hingama]
invalide (de)	**invaliid**	[inʋali:t]
gehandicapte (de)	**vigane**	[ʋigane]
drugsverslaafde (de)	**narkomaan**	[narkoma:n]
doof (bn)	**kurt**	[kurt]
stom (bn)	**tumm**	[tumm]
doofstom (bn)	**kurttumm**	[kurttumm]
krankzinnig (bn)	**hullumeelne**	[hulʲume:lʲne]
krankzinnige (man)	**vaimuhaige**	[ʋaimuhaige]
krankzinnige (vrouw)	**vaimuhaige**	[ʋaimuhaige]
krankzinnig worden	**hulluks minema**	[hulʲuks minema]
gen (het)	**geen**	[ge:n]
immuniteit (de)	**immuniteet**	[immunite:t]
erfelijk (bn)	**pärilik**	[pærilik]
aangeboren (bn)	**kaasasündinud**	[ka:sasʉndinut]

virus (het)	**viirus**	[ʋi:rus]
microbe (de)	**mikroob**	[mikro:b]
bacterie (de)	**bakter**	[bakter]
infectie (de)	**nakkus**	[nakkus]

66. Symptomen. Behandelingen. Deel 3

ziekenhuis (het)	**haigla**	[haigla]
patiënt (de)	**patsient**	[patsient]
diagnose (de)	**diagnoos**	[diagno:s]
genezing (de)	**iseravimine**	[iseraʋimine]
medische behandeling (de)	**ravimine**	[raʋimine]
onder behandeling zijn	**ennast ravima**	[ennasʲt raʋima]
behandelen (ww)	**ravima**	[raʋima]
zorgen (zieken ~)	**hoolitsema**	[ho:litsema]
ziekenzorg (de)	**hoolitsus**	[ho:litsus]
operatie (de)	**operatsioon**	[operatsio:n]
verbinden (een arm ~)	**siduma**	[siduma]
verband (het)	**sidumine**	[sidumine]
vaccin (het)	**vaktsineerimine**	[ʋaktsine:rimine]
inenten (vaccineren)	**vaktsineerima**	[ʋaktsine:rima]
injectie (de)	**süst**	[sʉsʲt]
een injectie geven	**süstima**	[sʉsʲtima]
aanval (de)	**haigushoog**	[haigusho:g]
amputatie (de)	**amputeerimine**	[ampute:rimine]
amputeren (ww)	**amputeerima**	[ampute:rima]
coma (het)	**kooma**	[ko:ma]
in coma liggen	**koomas olema**	[ko:mas olema]
intensieve zorg, ICU (de)	**reanimatsioon**	[reanimatsio:n]
zich herstellen (ww)	**terveks saama**	[terʋeks sa:ma]
toestand (de)	**seisund**	[sejsunt]
bewustzijn (het)	**teadvus**	[teadʋus]
geheugen (het)	**mälu**	[mælu]
trekken (een kies ~)	**hammast välja tõmbama**	[hammasʲt ʋælja tɜmbama]
vulling (de)	**plomm**	[plomm]
vullen (ww)	**plombeerima**	[plombe:rima]
hypnose (de)	**hüpnoos**	[hʉpno:s]
hypnotiseren (ww)	**hüpnotiseerima**	[hʉpnotise:rima]

67. Geneeskunde. Medicijnen. Accessoires

geneesmiddel (het)	**ravim**	[raʋim]
middel (het)	**vahend**	[ʋahent]
voorschrijven (ww)	**välja kirjutama**	[ʋælja kirjutama]
recept (het)	**retsept**	[retsept]

tablet (de/het)	**tablett**	[tablett]
zalf (de)	**salv**	[salʲʋ]
ampul (de)	**ampull**	[ampulʲ]
drank (de)	**mikstuur**	[miksʲtu:r]
siroop (de)	**siirup**	[si:rup]
pil (de)	**pill**	[pilʲ]
poeder (de/het)	**pulber**	[pulʲber]
verband (het)	**side**	[side]
watten (mv.)	**vatt**	[ʋatt]
jodium (het)	**jood**	[jo:t]
pleister (de)	**plaaster**	[pla:sʲter]
pipet (de)	**pipett**	[pipett]
thermometer (de)	**kraadiklaas**	[kra:dikla:s]
spuit (de)	**süstal**	[sʉsʲtalʲ]
rolstoel (de)	**invaliidikäru**	[inʋali:dikæru]
krukken (mv.)	**kargud**	[kargut]
pijnstiller (de)	**valuvaigisti**	[ʋaluʋaigisʲti]
laxeermiddel (het)	**kõhulahtisti**	[kɜhulahtisʲti]
spiritus (de)	**piiritus**	[pi:ritus]
medicinale kruiden (mv.)	**maarohud**	[ma:rohut]
kruiden- (abn)	**maarohtudest**	[ma:rohtudesʲt]

APPARTEMENT

68. Appartement

appartement (het)	**korter**	[korter]
kamer (de)	**tuba**	[tuba]
slaapkamer (de)	**magamistuba**	[magamisʲtuba]
eetkamer (de)	**söögituba**	[sø:gituba]
salon (de)	**külalistuba**	[kʉlalisʲtuba]
studeerkamer (de)	**kabinet**	[kabinet]
gang (de)	**esik**	[esik]
badkamer (de)	**vannituba**	[ʋannituba]
toilet (het)	**tualett**	[tualett]
plafond (het)	**lagi**	[lagi]
vloer (de)	**põrand**	[pɜrant]
hoek (de)	**nurk**	[nurk]

69. Meubels. Interieur

meubels (mv.)	**mööbel**	[mø:belʲ]
tafel (de)	**laud**	[laut]
stoel (de)	**tool**	[to:lʲ]
bed (het)	**voodi**	[ʋo:di]
bankstel (het)	**diivan**	[di:ʋan]
fauteuil (de)	**tugitool**	[tugito:lʲ]
boekenkast (de)	**raamatukapp**	[ra:matukapp]
boekenrek (het)	**raamaturiiul**	[ra:maturi:ulʲ]
kledingkast (de)	**riidekapp**	[ri:dekapp]
kapstok (de)	**varn**	[ʋarn]
staande kapstok (de)	**nagi**	[nagi]
commode (de)	**kummut**	[kummut]
salontafeltje (het)	**diivanilaud**	[di:ʋanilaut]
spiegel (de)	**peegel**	[pe:gelʲ]
tapijt (het)	**vaip**	[ʋaip]
tapijtje (het)	**uksematt**	[uksematt]
haard (de)	**kamin**	[kamin]
kaars (de)	**küünal**	[kʉ:nalʲ]
kandelaar (de)	**küünlajalg**	[kʉ:nlajalʲg]
gordijnen (mv.)	**külgkardinad**	[kʉlʲgkardinat]
behang (het)	**tapeet**	[tape:t]

jaloezie (de)	**ribakardinad**	[ribakardinat]
bureaulamp (de)	**laualamp**	[laualamp]
wandlamp (de)	**valgusti**	[ʋalʲgusʲti]
staande lamp (de)	**põrandalamp**	[pɜrandalamp]
luchter (de)	**lühter**	[lʉhter]
poot (ov. een tafel, enz.)	**jalg**	[jalʲg]
armleuning (de)	**käetugi**	[kæətugi]
rugleuning (de)	**seljatugi**	[seljatugi]
la (de)	**sahtel**	[sahtelʲ]

70. Beddengoed

beddengoed (het)	**voodipesu**	[ʋo:dipesu]
kussen (het)	**padi**	[padi]
kussenovertrek (de)	**padjapüür**	[padjapʉ:r]
deken (de)	**tekk**	[tekk]
laken (het)	**voodilina**	[ʋo:dilina]
sprei (de)	**voodikate**	[ʋo:dikate]

71. Keuken

keuken (de)	**köök**	[kø:k]
gas (het)	**gaas**	[ga:s]
gasfornuis (het)	**gaasipliit**	[ga:sipli:t]
elektrisch fornuis (het)	**elektripliit**	[elektripli:t]
oven (de)	**praeahi**	[praeahi]
magnetronoven (de)	**mikrolaineahi**	[mikrolaineahi]
koelkast (de)	**külmkapp**	[kʉlʲmkapp]
diepvriezer (de)	**jääkapp**	[jæ:kapp]
vaatwasmachine (de)	**nõudepesumasin**	[nɜudepesumasin]
vleesmolen (de)	**hakklihamasin**	[hakklihamasin]
vruchtenpers (de)	**mahlapress**	[mahlapress]
toaster (de)	**röster**	[røsʲter]
mixer (de)	**mikser**	[mikser]
koffiemachine (de)	**kohvikeetja**	[kohʋike:tja]
koffiepot (de)	**kohvikann**	[kohʋikann]
koffiemolen (de)	**kohviveski**	[kohʋiʋeski]
fluitketel (de)	**veekeetja**	[ʋe:ke:tja]
theepot (de)	**teekann**	[te:kann]
deksel (de/het)	**kaas**	[ka:s]
theezeefje (het)	**teesõel**	[te:sɜelʲ]
lepel (de)	**lusikas**	[lusikas]
theelepeltje (het)	**teelusikas**	[te:lusikas]
eetlepel (de)	**supilusikas**	[supilusikas]
vork (de)	**kahvel**	[kahʋelʲ]
mes (het)	**nuga**	[nuga]

vaatwerk (het)	**toidunõud**	[tojdunɜut]
bord (het)	**taldrik**	[talʲdrik]
schoteltje (het)	**alustass**	[alusʲtass]
likeurglas (het)	**napsiklaas**	[napsikla:s]
glas (het)	**klaas**	[kla:s]
kopje (het)	**tass**	[tass]
suikerpot (de)	**suhkrutoos**	[suhkruto:s]
zoutvat (het)	**soolatoos**	[so:lato:s]
pepervat (het)	**pipratops**	[pipratops]
boterschaaltje (het)	**võitoos**	[ʋɜito:s]
steelpan (de)	**pott**	[pott]
bakpan (de)	**pann**	[pann]
pollepel (de)	**supikulp**	[supikulʲp]
vergiet (de/het)	**kurnkopsik**	[kurnkopsik]
dienblad (het)	**kandik**	[kandik]
fles (de)	**pudel**	[pudelʲ]
glazen pot (de)	**klaaspurk**	[kla:spurk]
blik (conserven~)	**plekkpurk**	[plekkpurk]
flesopener (de)	**pudeliavaja**	[pudeliaʋaja]
blikopener (de)	**konserviavaja**	[konserʋiaʋaja]
kurkentrekker (de)	**korgitser**	[korgitser]
filter (de/het)	**filter**	[filʲter]
filteren (ww)	**filtreerima**	[filʲtre:rima]
huisvuil (het)	**prügi**	[prʉgi]
vuilnisemmer (de)	**prügiämber**	[prʉgiæmber]

72. Badkamer

badkamer (de)	**vannituba**	[ʋannituba]
water (het)	**vesi**	[ʋesi]
kraan (de)	**kraan**	[kra:n]
warm water (het)	**soe vesi**	[soe ʋesi]
koud water (het)	**külm vesi**	[kʉlʲm ʋesi]
tandpasta (de)	**hambapasta**	[hambapasʲta]
tanden poetsen (ww)	**hambaid pesema**	[hambait pesema]
tandenborstel (de)	**hambahari**	[hambahari]
zich scheren (ww)	**habet ajama**	[habet ajama]
scheercrème (de)	**habemeajamiskreem**	[habemeajamiskre:m]
scheermes (het)	**pardel**	[pardelʲ]
wassen (ww)	**pesema**	[pesema]
een bad nemen	**ennast pesema**	[ennasʲt pesema]
douche (de)	**dušš**	[duʃʃ]
een douche nemen	**duši all käima**	[duʃi alʲ kæjma]
bad (het)	**vann**	[ʋann]
toiletpot (de)	**WC-pott**	[ʋetse pott]

wastafel (de)	**kraanikauss**	[kra:nikauss]
zeep (de)	**seep**	[se:p]
zeepbakje (het)	**seebikarp**	[se:bikarp]
spons (de)	**nuustik**	[nu:sʲtik]
shampoo (de)	**šampoon**	[ʃampo:n]
handdoek (de)	**käterätik**	[kæterætik]
badjas (de)	**hommikumantel**	[hommikumantelʲ]
was (bijv. handwas)	**pesupesemine**	[pesupesemine]
wasmachine (de)	**pesumasin**	[pesumasin]
de was doen	**pesu pesema**	[pesu pesema]
waspoeder (de)	**pesupulber**	[pesupulʲber]

73. Huishoudelijke apparaten

televisie (de)	**televiisor**	[teleʋi:sor]
cassettespeler (de)	**magnetofon**	[magnetofon]
videorecorder (de)	**videomagnetofon**	[ʋideomagnetofon]
radio (de)	**raadio**	[ra:dio]
speler (de)	**pleier**	[plejer]
videoprojector (de)	**videoprojektor**	[ʋideoprojektor]
home theater systeem (het)	**kodukino**	[kodukino]
DVD-speler (de)	**DVD-mängija**	[dʋd-mængija]
versterker (de)	**võimendi**	[ʋɜimendi]
spelconsole (de)	**mängukonsool**	[mængukonso:lʲ]
videocamera (de)	**videokaamera**	[ʋideoka:mera]
fotocamera (de)	**fotoaparaat**	[fotoapara:t]
digitale camera (de)	**fotokaamera**	[fotoka:mera]
stofzuiger (de)	**tolmuimeja**	[tolʲmuimeja]
strijkijzer (het)	**triikraud**	[tri:kraut]
strijkplank (de)	**triikimislaud**	[tri:kimislaut]
telefoon (de)	**telefon**	[telefon]
mobieltje (het)	**mobiiltelefon**	[mobi:lʲtelefon]
schrijfmachine (de)	**kirjutusmasin**	[kirjutusmasin]
naaimachine (de)	**õmblusmasin**	[ɜmblusmasin]
microfoon (de)	**mikrofon**	[mikrofon]
koptelefoon (de)	**kõrvaklapid**	[kɜrʋaklapit]
afstandsbediening (de)	**pult**	[pulʲt]
CD (de)	**CD-plaat**	[ʦede pla:t]
cassette (de)	**kassett**	[kassett]
vinylplaat (de)	**heliplaat**	[helipla:t]

DE AARDE. WEER

74. De kosmische ruimte

kosmos (de)	**kosmos**	[kosmos]
kosmisch (bn)	**kosmiline**	[kosmiline]
kosmische ruimte (de)	**maailmaruum**	[ma:ilʲmaru:m]
wereld (de)	**maailm**	[ma:ilʲm]
heelal (het)	**universum**	[uniʋersum]
sterrenstelsel (het)	**galaktika**	[galaktika]
ster (de)	**täht**	[tæht]
sterrenbeeld (het)	**tähtkuju**	[tæhtkuju]
planeet (de)	**planeet**	[plane:t]
satelliet (de)	**satelliit**	[satelʲi:t]
meteoriet (de)	**meteoriit**	[meteori:t]
komeet (de)	**komeet**	[kome:t]
asteroïde (de)	**asteroid**	[asʲterojt]
baan (de)	**orbiit**	[orbi:t]
draaien (om de zon, enz.)	**keerlema**	[ke:rlema]
atmosfeer (de)	**atmosfäär**	[atmosfæ:r]
Zon (de)	**Päike**	[pæjke]
zonnestelsel (het)	**Päikesesüsteem**	[pæjkesesʉsʲte:m]
zonsverduistering (de)	**päiksevarjutus**	[pæjkseʋarjutus]
Aarde (de)	**Maa**	[ma:]
Maan (de)	**Kuu**	[ku:]
Mars (de)	**Marss**	[marss]
Venus (de)	**Veenus**	[ʋe:nus]
Jupiter (de)	**Jupiter**	[jupiter]
Saturnus (de)	**Saturn**	[saturn]
Mercurius (de)	**Merkuur**	[merku:r]
Uranus (de)	**Uraan**	[ura:n]
Neptunus (de)	**Neptuun**	[neptu:n]
Pluto (de)	**Pluuto**	[plu:to]
Melkweg (de)	**Linnutee**	[linnute:]
Grote Beer (de)	**Suur Vanker**	[su:r ʋanker]
Poolster (de)	**Põhjanael**	[pɜhjanaelʲ]
marsmannetje (het)	**marslane**	[marslane]
buitenaards wezen (het)	**võõra planeedi asukas**	[ʋɜ:ra plane:di asukas]
bovenaards (het)	**tulnukas**	[tulʲnukas]

vliegende schotel (de)	**lendav taldrik**	[lendaʋ talʲdrik]
ruimtevaartuig (het)	**kosmoselaev**	[kosmoselaeʋ]
ruimtestation (het)	**orbitaaljaam**	[orbita:lja:m]
start (de)	**start**	[sʲtart]
motor (de)	**mootor**	[mo:tor]
straalpijp (de)	**düüs**	[dʉ:s]
brandstof (de)	**kütus**	[kʉtus]
cabine (de)	**kabiin**	[kabi:n]
antenne (de)	**antenn**	[antenn]
patrijspoort (de)	**illuminaator**	[ilʲumina:tor]
zonnebatterij (de)	**päikesepatarei**	[pæjkesepatarej]
ruimtepak (het)	**skafander**	[skafander]
gewichtloosheid (de)	**kaaluta olek**	[ka:luta olek]
zuurstof (de)	**hapnik**	[hapnik]
koppeling (de)	**põkkumine**	[pɜkkumine]
koppeling maken	**põkkama**	[pɜkkama]
observatorium (het)	**observatoorium**	[obserʋato:rium]
telescoop (de)	**teleskoop**	[telesko:p]
waarnemen (ww)	**jälgima**	[jælʲgima]
exploreren (ww)	**uurima**	[u:rima]

75. De Aarde

Aarde (de)	**Maa**	[ma:]
aardbol (de)	**maakera**	[ma:kera]
planeet (de)	**planeet**	[plane:t]
atmosfeer (de)	**atmosfäär**	[atmosfæ:r]
aardrijkskunde (de)	**geograafia**	[geogra:fia]
natuur (de)	**loodus**	[lo:dus]
wereldbol (de)	**gloobus**	[glo:bus]
kaart (de)	**kaart**	[ka:rt]
atlas (de)	**atlas**	[atlas]
Europa (het)	**Euroopa**	[euro:pa]
Azië (het)	**Aasia**	[a:sia]
Afrika (het)	**Aafrika**	[a:frika]
Australië (het)	**Austraalia**	[ausʲtra:lia]
Amerika (het)	**Ameerika**	[ame:rika]
Noord-Amerika (het)	**Põhja-Ameerika**	[pɜhja-ame:rika]
Zuid-Amerika (het)	**Lõuna-Ameerika**	[lɜuna-ame:rika]
Antarctica (het)	**Antarktis**	[antarktis]
Arctis (de)	**Arktika**	[arktika]

76. Windrichtingen

noorden (het)	**põhi**	[pɜhi]
naar het noorden	**põhja**	[pɜhja]
in het noorden	**põhjas**	[pɜhjas]
noordelijk (bn)	**põhja-**	[pɜhja-]
zuiden (het)	**lõuna**	[lɜuna]
naar het zuiden	**lõunasse**	[lɜunasse]
in het zuiden	**lõunas**	[lɜunas]
zuidelijk (bn)	**lõuna-**	[lɜuna-]
westen (het)	**lääs**	[lʲæ:s]
naar het westen	**läände**	[lʲæ:nde]
in het westen	**läänes**	[lʲæ:nes]
westelijk (bn)	**lääne-**	[lʲæ:ne-]
oosten (het)	**ida**	[ida]
naar het oosten	**itta**	[itta]
in het oosten	**idas**	[idas]
oostelijk (bn)	**ida-**	[ida-]

77. Zee. Oceaan

zee (de)	**meri**	[meri]
oceaan (de)	**ookean**	[o:kean]
golf (baai)	**laht**	[laht]
straat (de)	**väin**	[ʋæjn]
grond (vaste grond)	**maismaa**	[maisma:]
continent (het)	**manner**	[manner]
eiland (het)	**saar**	[sa:r]
schiereiland (het)	**poolsaar**	[po:lʲsa:r]
archipel (de)	**arhipelaag**	[arhipela:g]
baai, bocht (de)	**laht**	[laht]
haven (de)	**sadam**	[sadam]
lagune (de)	**laguun**	[lagu:n]
kaap (de)	**neem**	[ne:m]
atol (de)	**atoll**	[atolʲ]
rif (het)	**riff**	[riff]
koraal (het)	**korall**	[koralʲ]
koraalrif (het)	**korallrahu**	[koralʲrahu]
diep (bn)	**sügav**	[sʉgaʋ]
diepte (de)	**sügavus**	[sʉgaʋus]
diepzee (de)	**sügavik**	[sʉgaʋik]
trog (bijv. Marianentrog)	**nõgu**	[nɜgu]
stroming (de)	**hoovus**	[ho:ʋus]
omspoelen (ww)	**uhtuma**	[uhtuma]
oever (de)	**rand**	[rant]

kust (de)	**rannik**	[rannik]
vloed (de)	**tõus**	[tɜus]
eb (de)	**mõõn**	[mɜ:n]
ondiepte (ondiep water)	**madalik**	[madalik]
bodem (de)	**põhi**	[pɜhi]
golf (hoge ~)	**laine**	[laine]
golfkam (de)	**lainehari**	[lainehari]
schuim (het)	**vaht**	[ʋaht]
storm (de)	**torm**	[torm]
orkaan (de)	**orkaan**	[orka:n]
tsunami (de)	**tsunami**	[tsunami]
windstilte (de)	**tuulevaikus**	[tu:leʋaikus]
kalm (bijv. ~e zee)	**rahulik**	[rahulik]
pool (de)	**poolus**	[po:lus]
polair (bn)	**polaar-**	[pola:r-]
breedtegraad (de)	**laius**	[laius]
lengtegraad (de)	**pikkus**	[pikkus]
parallel (de)	**paralleel**	[paralʲe:lʲ]
evenaar (de)	**ekvaator**	[ekʋa:tor]
hemel (de)	**taevas**	[taeʋas]
horizon (de)	**silmapiir**	[silʲmapi:r]
lucht (de)	**õhk**	[ɜhk]
vuurtoren (de)	**majakas**	[majakas]
duiken (ww)	**sukelduma**	[sukelʲduma]
zinken (ov. een boot)	**uppuma**	[uppuma]
schatten (mv.)	**aarded**	[a:rdet]

78. Namen van zeeën en oceanen

Atlantische Oceaan (de)	**Atlandi ookean**	[atlandi o:kean]
Indische Oceaan (de)	**India ookean**	[india o:kean]
Stille Oceaan (de)	**Vaikne ookean**	[ʋaikne o:kean]
Noordelijke IJszee (de)	**Põhja-Jäämeri**	[pɜhja-jæ:meri]
Zwarte Zee (de)	**Must meri**	[musʲt meri]
Rode Zee (de)	**Punane meri**	[punane meri]
Gele Zee (de)	**Kollane meri**	[kolʲæne meri]
Witte Zee (de)	**Valge meri**	[ʋalʲge meri]
Kaspische Zee (de)	**Kaspia meri**	[kaspia meri]
Dode Zee (de)	**Surnumeri**	[surnumeri]
Middellandse Zee (de)	**Vahemeri**	[ʋahemeri]
Egeïsche Zee (de)	**Egeuse meri**	[egeuse meri]
Adriatische Zee (de)	**Aadria meri**	[a:dria meri]
Arabische Zee (de)	**Araabia meri**	[ara:bia meri]
Japanse Zee (de)	**Jaapani meri**	[ja:pani meri]

Beringzee (de)	**Beringi meri**	[beringi meri]
Zuid-Chinese Zee (de)	**Lõuna-Hiina meri**	[lɜuna-hi:na meri]
Koraalzee (de)	**Korallide meri**	[koralʲide meri]
Tasmanzee (de)	**Tasmaania meri**	[tasma:nia meri]
Caribische Zee (de)	**Kariibi meri**	[kari:bi meri]
Barentszzee (de)	**Barentsi meri**	[barentsi meri]
Karische Zee (de)	**Kara meri**	[kara meri]
Noordzee (de)	**Põhjameri**	[pɜhjameri]
Baltische Zee (de)	**Läänemeri**	[lʲæ:nemeri]
Noorse Zee (de)	**Norra meri**	[norra meri]

79. Bergen

berg (de)	**mägi**	[mægi]
bergketen (de)	**mäeahelik**	[mæəahelik]
gebergte (het)	**mäeahelik**	[mæəahelik]
bergtop (de)	**tipp**	[tipp]
bergpiek (de)	**mäetipp**	[mæətipp]
voet (ov. de berg)	**jalam**	[jalam]
helling (de)	**nõlv**	[nɜlʲʋ]
vulkaan (de)	**vulkaan**	[ʋulʲka:n]
actieve vulkaan (de)	**tegutsev vulkaan**	[tegutseʋ ʋulʲka:n]
uitgedoofde vulkaan (de)	**kustunud vulkaan**	[kusʲtunut ʋulʲka:n]
uitbarsting (de)	**vulkaanipurse**	[ʋulʲka:nipurse]
krater (de)	**kraater**	[kra:ter]
magma (het)	**magma**	[magma]
lava (de)	**laava**	[la:ʋa]
gloeiend (~e lava)	**hõõguv**	[hɜ:guʋ]
kloof (canyon)	**kanjon**	[kanjon]
bergkloof (de)	**kuristik, taarn**	[kurisʲtik, ta:rn]
spleet (de)	**kaljulõhe**	[kaljulɜhe]
afgrond (de)	**kuristik**	[kurisʲtik]
bergpas (de)	**kuru**	[kuru]
plateau (het)	**platoo**	[plato:]
klip (de)	**kalju**	[kalju]
heuvel (de)	**küngas**	[kʉngas]
gletsjer (de)	**liustik**	[liusʲtik]
waterval (de)	**juga**	[juga]
geiser (de)	**geiser**	[gejser]
meer (het)	**järv**	[jærʋ]
vlakte (de)	**lausmaa**	[lausma:]
landschap (het)	**maastik**	[ma:sʲtik]
echo (de)	**kaja**	[kaja]
alpinist (de)	**alpinist**	[alʲpinisʲt]

bergbeklimmer (de)	**kaljuronija**	[kaljuronija]
trotseren (berg ~)	**vallutama**	[ʋalʲutama]
beklimming (de)	**mäkketõus**	[mækketɜus]

80. Bergen namen

Alpen (de)	**Alpid**	[alʲpit]
Mont Blanc (de)	**Mont Blanc**	[mon blan]
Pyreneeën (de)	**Püreneed**	[pʉrene:t]
Karpaten (de)	**Karpaadid**	[karpa:dit]
Oeralgebergte (het)	**Uurali mäed**	[u:rali mæət]
Kaukasus (de)	**Kaukasus**	[kaukasus]
Elbroes (de)	**Elbrus**	[elʲbrus]
Altaj (de)	**Altai**	[alʲtai]
Tiensjan (de)	**Tjan-Šan**	[tjanʃan]
Pamir (de)	**Pamiir**	[pami:r]
Himalaya (de)	**Himaalaja**	[hima:laja]
Everest (de)	**Everest**	[eʋeresʲt]
Andes (de)	**Andid**	[andit]
Kilimanjaro (de)	**Kilimandžaaro**	[kilimandʒa:ro]

81. Rivieren

rivier (de)	**jõgi**	[jɜgi]
bron (~ van een rivier)	**allikas**	[alʲikas]
rivierbedding (de)	**säng**	[sæng]
rivierbekken (het)	**bassein**	[bassejn]
uitmonden in ...	**suubuma**	[su:buma]
zijrivier (de)	**lisajõgi**	[lisajɜgi]
oever (de)	**kallas**	[kalʲæs]
stroming (de)	**vool**	[ʋo:lʲ]
stroomafwaarts (bw)	**allavoolu**	[alʲæʋo:lu]
stroomopwaarts (bw)	**ülesvoolu**	[ʉlesʋo:lu]
overstroming (de)	**üleujutus**	[ʉleujutus]
overstroming (de)	**suurvesi**	[su:rʋesi]
buiten zijn oevers treden	**üle ujutama**	[ʉle ujutama]
overstromen (ww)	**uputama**	[uputama]
zandbank (de)	**madalik**	[madalik]
stroomversnelling (de)	**lävi**	[lʲæʋi]
dam (de)	**pais**	[pais]
kanaal (het)	**kanal**	[kanalʲ]
spaarbekken (het)	**veehoidla**	[ʋe:hojtla]
sluis (de)	**lüüs**	[lʉ:s]
waterlichaam (het)	**veekogu**	[ʋe:kogu]

moeras (het)	**soo**	[so:]
broek (het)	**õõtssoo**	[ɜ:tsso:]
draaikolk (de)	**veekeeris**	[ʋe:ke:ris]
stroom (de)	**oja**	[oja]
drink- (abn)	**joogi-**	[jo:gi-]
zoet (~ water)	**mage-**	[mage-]
IJs (het)	**jää**	[jæ:]
bevriezen (rivier, enz.)	**külmuma**	[kʉlʲmuma]

82. Namen van rivieren

Seine (de)	**Seine**	[sen]
Loire (de)	**Loire**	[lua:r]
Theems (de)	**Thames**	[tems]
Rijn (de)	**Rein**	[rejn]
Donau (de)	**Doonau**	[do:nau]
Wolga (de)	**Volga**	[ʋolʲga]
Don (de)	**Don**	[don]
Lena (de)	**Leena**	[le:na]
Gele Rivier (de)	**Huang He**	[huanhe]
Blauwe Rivier (de)	**Jangtse**	[jangtse]
Mekong (de)	**Mekong**	[mekong]
Ganges (de)	**Ganges**	[ganges]
Nijl (de)	**Niilus**	[ni:lus]
Kongo (de)	**Kongo**	[kongo]
Okavango (de)	**Okavango**	[okaʋango]
Zambezi (de)	**Zambezi**	[sambesi]
Limpopo (de)	**Limpopo**	[limpopo]
Mississippi (de)	**Mississippi**	[misisippi]

83. Bos

bos (het)	**mets**	[mets]
bos- (abn)	**metsa-**	[metsa-]
oerwoud (dicht bos)	**tihnik**	[tihnik]
bosje (klein bos)	**salu**	[salu]
open plek (de)	**lagendik**	[lagendik]
struikgewas (het)	**padrik**	[padrik]
struiken (mv.)	**põõsastik**	[pɜ:sasʲtik]
paadje (het)	**jalgrada**	[jalʲgrada]
ravijn (het)	**jäärak**	[jæ:rak]
boom (de)	**puu**	[pu:]
blad (het)	**leht**	[leht]

gebladerte (het)	**lehestik**	[lehes'tik]
vallende bladeren (mv.)	**lehtede langemine**	[lehtede langemine]
vallen (ov. de bladeren)	**langema**	[langema]
boomtop (de)	**latv**	[latʊ]
tak (de)	**oks**	[oks]
ent (de)	**oks**	[oks]
knop (de)	**pung**	[pung]
naald (de)	**okas**	[okas]
dennenappel (de)	**käbi**	[kæbi]
boom holte (de)	**puuõõs**	[pu:ɜ:s]
nest (het)	**pesa**	[pesa]
hol (het)	**urg**	[urg]
stam (de)	**tüvi**	[tʉʊi]
wortel (bijv. boom~s)	**juur**	[ju:r]
schors (de)	**koor**	[ko:r]
mos (het)	**sammal**	[sammal']
ontwortelen (een boom)	**juurima**	[ju:rima]
kappen (een boom ~)	**raiuma**	[raiuma]
ontbossen (ww)	**maha raiuma**	[maha raiuma]
stronk (de)	**känd**	[kænt]
kampvuur (het)	**lõke**	[lɜke]
bosbrand (de)	**tulekahju**	[tulekahju]
blussen (ww)	**kustutama**	[kus'tutama]
boswachter (de)	**metsavaht**	[metsaʊaht]
bescherming (de)	**taimekaitse**	[taimekaitse]
beschermen (bijv. de natuur ~)	**looduskaitse**	[lo:duskaitse]
stroper (de)	**salakütt**	[salakʉtt]
val (de)	**püünis**	[pʉ:nis]
plukken (vruchten, enz.)	**korjama**	[korjama]
verdwalen (de weg kwijt zijn)	**ära eksima**	[æra eksima]

84. Natuurlijke hulpbronnen

natuurlijke rijkdommen (mv.)	**loodusvarad**	[lo:dusʊarat]
delfstoffen (mv.)	**maavarad**	[ma:ʊarat]
lagen (mv.)	**lademed**	[lademet]
veld (bijv. olie~)	**leiukoht**	[lejukoht]
winnen (uit erts ~)	**kaevandama**	[kaeʊandama]
winning (de)	**kaevandamine**	[kaeʊandamine]
erts (het)	**maak**	[ma:k]
mijn (bijv. kolenmijn)	**kaevandus**	[kaeʊandus]
mijnschacht (de)	**šaht**	[ʃaht]
mijnwerker (de)	**kaevur**	[kaeʊur]
gas (het)	**gaas**	[ga:s]
gasleiding (de)	**gaasijuhe**	[ga:sijuhe]

olie (aardolie) **nafta** [nafta]
olieleiding (de) **naftajuhe** [naftajuhe]
oliebron (de) **nafta puurtorn** [nafta pu:rtorn]
boortoren (de) **puurtorn** [pu:rtorn]
tanker (de) **tanker** [tanker]

zand (het) **liiv** [li:ʋ]
kalksteen (de) **paekivi** [paekiʋi]
grind (het) **kruus** [kru:s]
veen (het) **turvas** [turʋas]
klei (de) **savi** [saʋi]
steenkool (de) **süsi** [sʉsi]

IJzer (het) **raud** [raut]
goud (het) **kuld** [kulʲt]
zilver (het) **hõbe** [hɜbe]
nikkel (het) **nikkel** [nikkelʲ]
koper (het) **vask** [ʋask]

zink (het) **tsink** [tsink]
mangaan (het) **mangaan** [manga:n]
kwik (het) **elavhõbe** [elaʋhɜbe]
lood (het) **seatina** [seatina]

mineraal (het) **mineraal** [minera:lʲ]
kristal (het) **kristall** [krisʲtalʲ]
marmer (het) **marmor** [marmor]
uraan (het) **uraan** [ura:n]

85. Weer

weer (het) **ilm** [ilʲm]
weersvoorspelling (de) **ilmaennustus** [ilʲmaennusʲtus]
temperatuur (de) **temperatuur** [temperatu:r]
thermometer (de) **kraadiklaas** [kra:dikla:s]
barometer (de) **baromeeter** [barome:ter]

vochtig (bn) **niiske** [ni:ske]
vochtigheid (de) **niiskus** [ni:skus]
hitte (de) **kuumus** [ku:mus]
heet (bn) **kuum** [ku:m]
het is heet **on kuum** [on ku:m]

het is warm **soojus** [so:jus]
warm (bn) **soe** [soe]

het is koud **on külm** [on kʉlʲm]
koud (bn) **külm** [kʉlʲm]

zon (de) **päike** [pæjke]
schijnen (de zon) **paistma** [paisʲtma]
zonnig (~e dag) **päikseline** [pæjkseline]
opgaan (ov. de zon) **tõusma** [tɜusma]
ondergaan (ww) **loojuma** [lo:juma]

wolk (de)	**pilv**	[pilʲʋ]
bewolkt (bn)	**pilves**	[pilʲʋes]
regenwolk (de)	**pilv**	[pilʲʋ]
somber (bn)	**sompus**	[sompus]
regen (de)	**vihm**	[ʋihm]
het regent	**vihma sajab**	[ʋihma sajab]
regenachtig (bn)	**vihmane**	[ʋihmane]
motregenen (ww)	**tibutama**	[tibutama]
plensbui (de)	**paduvihm**	[paduʋihm]
stortbui (de)	**hoovihm**	[ho:ʋihm]
hard (bn)	**tugev**	[tugeʋ]
plas (de)	**lomp**	[lomp]
nat worden (ww)	**märjaks saama**	[mærjaks sa:ma]
mist (de)	**udu**	[udu]
mistig (bn)	**udune**	[udune]
sneeuw (de)	**lumi**	[lumi]
het sneeuwt	**lund sajab**	[lunt sajab]

86. Zwaar weer. Natuurrampen

noodweer (storm)	**äike**	[æjke]
bliksem (de)	**välk**	[ʋælʲk]
flitsen (ww)	**välku lööma**	[ʋælʲku lø:ma]
donder (de)	**kõu**	[kɜu]
donderen (ww)	**müristama**	[mʉrisʲtama]
het dondert	**müristab**	[mʉrisʲtab]
hagel (de)	**rahe**	[rahe]
het hagelt	**rahet sajab**	[rahet sajab]
overstromen (ww)	**üle ujutama**	[ʉle ujutama]
overstroming (de)	**üleujutus**	[ʉleujutus]
aardbeving (de)	**maavärin**	[ma:ʋærin]
aardschok (de)	**tõuge**	[tɜuge]
epicentrum (het)	**epitsenter**	[epitsenter]
uitbarsting (de)	**vulkaanipurse**	[ʋulʲka:nipurse]
lava (de)	**laava**	[la:ʋa]
wervelwind (de)	**tromb**	[tromb]
windhoos (de)	**tornaado**	[torna:do]
tyfoon (de)	**taifuun**	[taifu:n]
orkaan (de)	**orkaan**	[orka:n]
storm (de)	**torm**	[torm]
tsunami (de)	**tsunami**	[tsunami]
cycloon (de)	**tsüklon**	[tsʉklon]
onweer (het)	**halb ilm**	[halʲb ilʲm]

brand (de)	**tulekahju**	[tulekahju]
ramp (de)	**katastroof**	[katasʲtro:f]
meteoriet (de)	**meteoriit**	[meteori:t]
lawine (de)	**laviin**	[laʋi:n]
sneeuwverschuiving (de)	**varing**	[ʋaring]
sneeuwjacht (de)	**lumetorm**	[lumetorm]
sneeuwstorm (de)	**tuisk**	[tuisk]

FAUNA

87. Zoogdieren. Roofdieren

roofdier (het)	**kiskja**	[kiskja]
tijger (de)	**tiiger**	[ti:ger]
leeuw (de)	**lõvi**	[lɜʊi]
wolf (de)	**hunt**	[hunt]
vos (de)	**rebane**	[rebane]
jaguar (de)	**jaaguar**	[ja:guar]
luipaard (de)	**leopard**	[leopart]
jachtluipaard (de)	**gepard**	[gepart]
panter (de)	**panter**	[panter]
poema (de)	**puuma**	[pu:ma]
sneeuwluipaard (de)	**lumeleopard**	[lumeleopart]
lynx (de)	**ilves**	[ilʲʊes]
coyote (de)	**koiott**	[kojott]
jakhals (de)	**šaakal**	[ʃa:kalʲ]
hyena (de)	**hüään**	[hʉæ:n]

88. Wilde dieren

dier (het)	**loom**	[lo:m]
beest (het)	**metsloom**	[metslo:m]
eekhoorn (de)	**orav**	[oraʊ]
egel (de)	**siil**	[si:lʲ]
haas (de)	**jänes**	[jænes]
konijn (het)	**küülik**	[kʉ:lik]
das (de)	**mäger**	[mæger]
wasbeer (de)	**pesukaru**	[pesukaru]
hamster (de)	**hamster**	[hamsʲter]
marmot (de)	**koopaorav**	[ko:paoraʊ]
mol (de)	**mutt**	[mutt]
muis (de)	**hiir**	[hi:r]
rat (de)	**rott**	[rott]
vleermuis (de)	**nahkhiir**	[nahkhi:r]
hermelijn (de)	**kärp**	[kærp]
sabeldier (het)	**soobel**	[so:belʲ]
marter (de)	**nugis**	[nugis]
wezel (de)	**nirk**	[nirk]
nerts (de)	**naarits**	[na:rits]

bever (de)	**kobras**	[kobras]
otter (de)	**saarmas**	[sa:rmas]
paard (het)	**hobune**	[hobune]
eland (de)	**põder**	[pɜder]
hert (het)	**põhjapõder**	[pɜhjapɜder]
kameel (de)	**kaamel**	[ka:melʲ]
bizon (de)	**piison**	[pi:son]
oeros (de)	**euroopa piison**	[euro:pa pi:son]
buffel (de)	**pühvel**	[pʉhʋelʲ]
zebra (de)	**sebra**	[sebra]
antilope (de)	**antiloop**	[antilo:p]
ree (de)	**metskits**	[metskits]
damhert (het)	**kabehirv**	[kabehirʋ]
gems (de)	**mägikits**	[mægikits]
everzwijn (het)	**metssiga**	[metssiga]
walvis (de)	**vaal**	[ʋa:lʲ]
rob (de)	**hüljes**	[hʉljes]
walrus (de)	**merihobu**	[merihobu]
zeehond (de)	**kotik**	[kotik]
dolfijn (de)	**delfiin**	[delfi:n]
beer (de)	**karu**	[karu]
IJsbeer (de)	**jääkaru**	[jæ:karu]
panda (de)	**panda**	[panda]
aap (de)	**ahv**	[ahʋ]
chimpansee (de)	**šimpans**	[ʃimpans]
orang-oetan (de)	**orangutang**	[orangutang]
gorilla (de)	**gorilla**	[gorilʲæ]
makaak (de)	**makaak**	[maka:k]
gibbon (de)	**gibon**	[gibon]
olifant (de)	**elevant**	[eleʋant]
neushoorn (de)	**ninasarvik**	[ninasarʋik]
giraffe (de)	**kaelkirjak**	[kaelʲkirjak]
nijlpaard (het)	**jõehobu**	[jɜehobu]
kangoeroe (de)	**känguru**	[kænguru]
koala (de)	**koaala**	[koa:la]
mangoest (de)	**mangust**	[mangusʲt]
chinchilla (de)	**tšintšilja**	[tʃintʃilja]
stinkdier (het)	**skunk**	[skunk]
stekelvarken (het)	**okassiga**	[okassiga]

89. Huisdieren

poes (de)	**kass**	[kass]
kater (de)	**kass**	[kass]
hond (de)	**koer**	[koer]

paard (het)	**hobune**	[hobune]
hengst (de)	**täkk**	[tækk]
merrie (de)	**mära**	[mæra]
koe (de)	**lehm**	[lehm]
stier (de)	**pull**	[pulʲ]
os (de)	**härg**	[hærg]
schaap (het)	**lammas**	[lammas]
ram (de)	**oinas**	[ojnas]
geit (de)	**kits**	[kits]
bok (de)	**sokk**	[sokk]
ezel (de)	**eesel**	[e:selʲ]
muilezel (de)	**muul**	[mu:lʲ]
varken (het)	**siga**	[siga]
biggetje (het)	**põrsas**	[pɜrsas]
konijn (het)	**küülik**	[kʉ:lik]
kip (de)	**kana**	[kana]
haan (de)	**kukk**	[kukk]
eend (de)	**part**	[part]
woerd (de)	**sinikaelpart**	[sinikaelʲpart]
gans (de)	**hani**	[hani]
kalkoen haan (de)	**kalkun**	[kalʲkun]
kalkoen (de)	**kalkun**	[kalʲkun]
huisdieren (mv.)	**koduloomad**	[kodulo:mat]
tam (bijv. hamster)	**kodustatud**	[kodusʲtatut]
temmen (tam maken)	**taltsutama**	[talʲtsutama]
fokken (bijv. paarden ~)	**üles kasvatama**	[ʉles kasʋatama]
boerderij (de)	**farm**	[farm]
gevogelte (het)	**kodulinnud**	[kodulinnut]
rundvee (het)	**kariloomad**	[karilo:mat]
kudde (de)	**kari**	[kari]
paardenstal (de)	**hobusetall**	[hobusetalʲ]
zwijnenstal (de)	**sigala**	[sigala]
koeienstal (de)	**lehmalaut**	[lehmalaut]
konijnenhok (het)	**küülikukasvandus**	[kʉ:likukasʋandus]
kippenhok (het)	**kanala**	[kanala]

90. Vogels

vogel (de)	**lind**	[lint]
duif (de)	**tuvi**	[tuʋi]
mus (de)	**varblane**	[ʋarblane]
koolmees (de)	**tihane**	[tihane]
ekster (de)	**harakas**	[harakas]
raaf (de)	**ronk**	[ronk]

kraai (de)	**vares**	[ʋares]
kauw (de)	**hakk**	[hakk]
roek (de)	**künnivares**	[kʉnniʋares]
eend (de)	**part**	[part]
gans (de)	**hani**	[hani]
fazant (de)	**faasan**	[fa:san]
arend (de)	**kotkas**	[kotkas]
havik (de)	**kull**	[kulʲ]
valk (de)	**kotkas**	[kotkas]
gier (de)	**raisakull**	[raisakulʲ]
condor (de)	**kondor**	[kondor]
zwaan (de)	**luik**	[luik]
kraanvogel (de)	**kurg**	[kurg]
ooievaar (de)	**toonekurg**	[to:nekurg]
papegaai (de)	**papagoi**	[papagoj]
kolibrie (de)	**koolibri**	[ko:libri]
pauw (de)	**paabulind**	[pa:bulint]
struisvogel (de)	**jaanalind**	[ja:nalint]
reiger (de)	**haigur**	[haigur]
flamingo (de)	**flamingo**	[flamingo]
pelikaan (de)	**pelikan**	[pelikan]
nachtegaal (de)	**ööbik**	[ø:bik]
zwaluw (de)	**suitsupääsuke**	[suitsupæ:suke]
lijster (de)	**rästas**	[ræsʲtas]
zanglijster (de)	**laulurästas**	[lauluræsʲtas]
merel (de)	**musträstas**	[musʲtræsʲtas]
gierzwaluw (de)	**piiripääsuke**	[pi:ripæ:suke]
leeuwerik (de)	**lõoke**	[lɜoke]
kwartel (de)	**vutt**	[ʋutt]
specht (de)	**rähn**	[ræhn]
koekoek (de)	**kägu**	[kægu]
uil (de)	**öökull**	[ø:kulʲ]
oehoe (de)	**kakk**	[kakk]
auerhoen (het)	**metsis**	[metsis]
korhoen (het)	**teder**	[teder]
patrijs (de)	**põldpüü**	[pɜlʲtpʉ:]
spreeuw (de)	**kuldnokk**	[kulʲdnokk]
kanarie (de)	**kanaarilind**	[kana:rilint]
hazelhoen (het)	**laanepüü**	[la:nepʉ:]
vink (de)	**metsvint**	[metsʋint]
goudvink (de)	**leevike**	[le:ʋike]
meeuw (de)	**kajakas**	[kajakas]
albatros (de)	**albatross**	[alʲbatross]
pinguïn (de)	**pingviin**	[pinguʋi:n]

91. Vis. Zeedieren

brasem (de)	**latikas**	[latikas]
karper (de)	**karpkala**	[karpkala]
baars (de)	**ahven**	[ahʋen]
meerval (de)	**säga**	[sæga]
snoek (de)	**haug**	[haug]
zalm (de)	**lõhe**	[lɜhe]
steur (de)	**tuurakala**	[tu:rakala]
haring (de)	**heeringas**	[he:ringas]
atlantische zalm (de)	**väärislõhe**	[ʋæ:rislɜhe]
makreel (de)	**skumbria**	[skumbria]
platvis (de)	**lest**	[lesʲt]
snoekbaars (de)	**kohakala**	[kohakala]
kabeljauw (de)	**tursk**	[tursk]
tonijn (de)	**tuunikala**	[tu:nikala]
forel (de)	**forell**	[forelʲ]
paling (de)	**angerjas**	[angerjas]
sidderrog (de)	**elektrirai**	[elektrirai]
murene (de)	**mureen**	[mure:n]
piranha (de)	**piraaja**	[pira:ja]
haai (de)	**haikala**	[haikala]
dolfijn (de)	**delfiin**	[delfi:n]
walvis (de)	**vaal**	[ʋa:lʲ]
krab (de)	**krabi**	[krabi]
kwal (de)	**meduus**	[medu:s]
octopus (de)	**kaheksajalg**	[kaheksajalʲg]
zeester (de)	**meritäht**	[meritæht]
zee-egel (de)	**merisiil**	[merisi:lʲ]
zeepaardje (het)	**merihobuke**	[merihobuke]
oester (de)	**auster**	[ausʲter]
garnaal (de)	**krevett**	[kreʋett]
kreeft (de)	**homaar**	[homa:r]
langoest (de)	**langust**	[langusʲt]

92. Amfibieën. Reptielen

slang (de)	**uss**	[uss]
giftig (slang)	**mürgine**	[mʉrgine]
adder (de)	**rästik**	[ræsʲtik]
cobra (de)	**kobra**	[kobra]
python (de)	**püüton**	[pʉ:ton]
boa (de)	**boamadu**	[boamadu]
ringslang (de)	**nastik**	[nasʲtik]

ratelslang (de)	**lõgismadu**	[lɜgismadu]
anaconda (de)	**anakonda**	[anakonda]
hagedis (de)	**sisalik**	[sisalik]
leguaan (de)	**iguaan**	[igua:n]
varaan (de)	**varaan**	[ʋara:n]
salamander (de)	**salamander**	[salamander]
kameleon (de)	**kameeleon**	[kame:leon]
schorpioen (de)	**skorpion**	[skorpion]
schildpad (de)	**kilpkonn**	[kilʲpkonn]
kikker (de)	**konn**	[konn]
pad (de)	**kärnkonn**	[kærnkonn]
krokodil (de)	**krokodill**	[krokodilʲ]

93. Insecten

insect (het)	**putukas**	[putukas]
vlinder (de)	**liblikas**	[liblikas]
mier (de)	**sipelgas**	[sipelʲgas]
vlieg (de)	**kärbes**	[kærbes]
mug (de)	**sääsk**	[sæ:sk]
kever (de)	**sitikas**	[sitikas]
wesp (de)	**herilane**	[herilane]
bij (de)	**mesilane**	[mesilane]
hommel (de)	**metsmesilane**	[metsmesilane]
horzel (de)	**kiin**	[ki:n]
spin (de)	**ämblik**	[æmblik]
spinnenweb (het)	**ämblikuvõrk**	[æmblikuʋɜrk]
libel (de)	**kiil**	[ki:lʲ]
sprinkhaan (de)	**rohutirts**	[rohutirts]
nachtvlinder (de)	**liblikas**	[liblikas]
kakkerlak (de)	**tarakan**	[tarakan]
mijt (de)	**puuk**	[pu:k]
vlo (de)	**kirp**	[kirp]
kriebelmug (de)	**kihulane**	[kihulane]
treksprinkhaan (de)	**rändtirts**	[rændtirts]
slak (de)	**tigu**	[tigu]
krekel (de)	**ritsikas**	[ritsikas]
glimworm (de)	**jaaniuss**	[ja:niuss]
lieveheersbeestje (het)	**lepatriinu**	[lepatri:nu]
meikever (de)	**maipõrnikas**	[maipɜrnikas]
bloedzuiger (de)	**kaan**	[ka:n]
rups (de)	**tõuk**	[tɜuk]
aardworm (de)	**vagel**	[ʋagelʲ]
larve (de)	**tõuk**	[tɜuk]

FLORA

94. Bomen

boom (de)	**puu**	[pu:]
loof- (abn)	**lehtpuu**	[lehtpu:]
dennen- (abn)	**okaspuu**	[okaspu:]
groenblijvend (bn)	**igihaljas**	[igihaljas]
appelboom (de)	**õunapuu**	[ɜunapu:]
perenboom (de)	**pirnipuu**	[pirnipu:]
zoete kers (de)	**murelipuu**	[murelipu:]
zure kers (de)	**kirsipuu**	[kirsipu:]
pruimelaar (de)	**ploomipuu**	[plo:mipu:]
berk (de)	**kask**	[kask]
eik (de)	**tamm**	[tamm]
linde (de)	**pärn**	[pærn]
esp (de)	**haav**	[ha:ʋ]
esdoorn (de)	**vaher**	[ʋaher]
spar (de)	**kuusk**	[ku:sk]
den (de)	**mänd**	[mænt]
lariks (de)	**lehis**	[lehis]
zilverspar (de)	**nulg**	[nulʲg]
ceder (de)	**seeder**	[se:der]
populier (de)	**pappel**	[pappelʲ]
lijsterbes (de)	**pihlakas**	[pihlakas]
wilg (de)	**paju**	[paju]
els (de)	**lepp**	[lepp]
beuk (de)	**pöök**	[pø:k]
iep (de)	**jalakas**	[jalakas]
es (de)	**saar**	[sa:r]
kastanje (de)	**kastan**	[kasʲtan]
magnolia (de)	**magnoolia**	[magno:lia]
palm (de)	**palm**	[palʲm]
cipres (de)	**küpress**	[kʉpress]
mangrove (de)	**mangroovipuu**	[mangro:ʋipu:]
baobab (apenbroodboom)	**ahvileivapuu**	[ahʋilejʋapu:]
eucalyptus (de)	**eukalüpt**	[eukalʉpt]
mammoetboom (de)	**sekvoia**	[sekʋoja]

95. Heesters

struik (de)	**põõsas**	[pɜ:sas]
heester (de)	**põõsastik**	[pɜ:sasʲtik]

wijnstok (de)	**viinamarjad**	[ʋi:namarjat]
wijngaard (de)	**viinamarjaistandus**	[ʋi:namarjaisʲtandus]
frambozenstruik (de)	**vaarikas**	[ʋa:rikas]
zwarte bes (de)	**mustsõstra põõsas**	[musʲt sɜsʲtra pɜ:sas]
rode bessenstruik (de)	**punane sõstar põõsas**	[punane sɜsʲtar pɜ:sas]
kruisbessenstruik (de)	**karusmari**	[karusmari]
acacia (de)	**akaatsia**	[aka:tsia]
zuurbes (de)	**kukerpuu**	[kukerpu:]
jasmijn (de)	**jasmiin**	[jasmi:n]
jeneverbes (de)	**kadakas**	[kadakas]
rozenstruik (de)	**roosipõõsas**	[ro:sipɜ:sas]
hondsroos (de)	**kibuvits**	[kibuʋits]

96. Vruchten. Bessen

vrucht (de)	**puuvili**	[pu:ʋili]
vruchten (mv.)	**puuviljad**	[pu:ʋiljat]
appel (de)	**õun**	[ɜun]
peer (de)	**pirn**	[pirn]
pruim (de)	**ploom**	[plo:m]
aardbei (de)	**aedmaasikas**	[aedma:sikas]
zure kers (de)	**kirss**	[kirss]
zoete kers (de)	**murel**	[murelʲ]
druif (de)	**viinamarjad**	[ʋi:namarjat]
framboos (de)	**vaarikas**	[ʋa:rikas]
zwarte bes (de)	**must sõstar**	[musʲt sɜsʲtar]
rode bes (de)	**punane sõstar**	[punane sɜsʲtar]
kruisbes (de)	**karusmari**	[karusmari]
veenbes (de)	**jõhvikas**	[jɜhʋikas]
sinaasappel (de)	**apelsin**	[apelʲsin]
mandarijn (de)	**mandariin**	[mandari:n]
ananas (de)	**ananass**	[ananass]
banaan (de)	**banaan**	[bana:n]
dadel (de)	**dattel**	[dattelʲ]
citroen (de)	**sidrun**	[sidrun]
abrikoos (de)	**aprikoos**	[apriko:s]
perzik (de)	**virsik**	[ʋirsik]
kiwi (de)	**kiivi**	[ki:ʋi]
grapefruit (de)	**greip**	[grejp]
bes (de)	**mari**	[mari]
bessen (mv.)	**marjad**	[marjat]
vossenbes (de)	**pohlad**	[pohlat]
bosaardbei (de)	**maasikas**	[ma:sikas]
bosbes (de)	**mustikas**	[musʲtikas]

97. Bloemen. Planten

bloem (de)	**lill**	[lilʲ]
boeket (het)	**lillekimp**	[lilʲekimp]
roos (de)	**roos**	[ro:s]
tulp (de)	**tulp**	[tulʲp]
anjer (de)	**nelk**	[nelʲk]
gladiool (de)	**gladiool**	[gladio:lʲ]
korenbloem (de)	**rukkilill**	[rukkililʲ]
klokje (het)	**kellukas**	[kelʲukas]
paardenbloem (de)	**võilill**	[ʊɜililʲ]
kamille (de)	**karikakar**	[karikakar]
aloë (de)	**aaloe**	[a:loe]
cactus (de)	**kaktus**	[kaktus]
ficus (de)	**kummipuu**	[kummipu:]
lelie (de)	**liilia**	[li:lia]
geranium (de)	**geraanium**	[gera:nium]
hyacint (de)	**hüatsint**	[hʉatsint]
mimosa (de)	**mimoos**	[mimo:s]
narcis (de)	**nartsiss**	[nartsiss]
Oostindische kers (de)	**kress**	[kress]
orchidee (de)	**orhidee**	[orhide:]
pioenroos (de)	**pojeng**	[pojeng]
viooltje (het)	**kannike**	[kannike]
driekleurig viooltje (het)	**võõrasemad**	[ʊɜ:rasemat]
vergeet-mij-nietje (het)	**meelespea**	[me:lespea]
madeliefje (het)	**margareeta**	[margare:ta]
papaver (de)	**moon**	[mo:n]
hennep (de)	**kanep**	[kanep]
munt (de)	**piparmünt**	[piparmʉnt]
lelietje-van-dalen (het)	**maikelluke**	[maikelʲuke]
sneeuwklokje (het)	**lumikelluke**	[lumikelʲuke]
brandnetel (de)	**nõges**	[nɜges]
veldzuring (de)	**hapuoblikas**	[hapuoblikas]
waterlelie (de)	**vesiroos**	[ʊesiro:s]
varen (de)	**sõnajalg**	[sɜnajalʲg]
korstmos (het)	**samblik**	[samblik]
oranjerie (de)	**kasvuhoone**	[kasʊuho:ne]
gazon (het)	**muru**	[muru]
bloemperk (het)	**lillepeenar**	[lilʲepe:nar]
plant (de)	**taim**	[taim]
gras (het)	**rohi**	[rohi]
grasspriet (de)	**rohulible**	[rohulible]

blad (het)	**leht**	[leht]
bloemblad (het)	**õieleht**	[ɜieleht]
stengel (de)	**vars**	[ʋars]
knol (de)	**sibul**	[sibulʲ]
scheut (de)	**idu**	[idu]
doorn (de)	**okas**	[okas]
bloeien (ww)	**õitsema**	[ɜitsema]
verwelken (ww)	**närtsima**	[nærtsima]
geur (de)	**lõhn**	[lɜhn]
snijden (bijv. bloemen ~)	**lõikama**	[lɜikama]
plukken (bloemen ~)	**murdma**	[murdma]

98. Granen, graankorrels

graan (het)	**vili**	[ʋili]
graangewassen (mv.)	**teraviljad**	[teraʋiljat]
aar (de)	**kõrs**	[kɜrs]
tarwe (de)	**nisu**	[nisu]
rogge (de)	**rukis**	[rukis]
haver (de)	**kaer**	[kaer]
gierst (de)	**hirss**	[hirss]
gerst (de)	**oder**	[oder]
maïs (de)	**mais**	[mais]
rijst (de)	**riis**	[ri:s]
boekweit (de)	**tatar**	[tatar]
erwt (de)	**hernes**	[hernes]
boon (de)	**aedoad**	[aedoat]
soja (de)	**soja**	[soja]
linze (de)	**läätś**	[lʲæ:ts]
bonen (mv.)	**põldoad**	[pɜlʲdoat]

LANDEN VAN DE WERELD

99. Landen. Deel 1

Afghanistan (het)	**Afganistan**	[afganisʲtan]
Albanië (het)	**Albaania**	[alʲba:nia]
Argentinië (het)	**Argentiina**	[argenti:na]
Armenië (het)	**Armeenia**	[arme:nia]
Australië (het)	**Austraalia**	[ausʲtra:lia]
Azerbeidzjan (het)	**Aserbaidžaan**	[aserbaidʒa:n]
Bahama's (mv.)	**Bahama saared**	[bahama sa:ret]
Bangladesh (het)	**Bangladesh**	[bangladesh]
België (het)	**Belgia**	[belʲgia]
Bolivia (het)	**Boliivia**	[boli:ʋia]
Bosnië en Herzegovina (het)	**Bosnia ja Hertsegoviina**	[bosnia ja hertsegoʋi:na]
Brazilië (het)	**Brasiilia**	[brasi:lia]
Bulgarije (het)	**Bulgaaria**	[bulʲga:ria]
Cambodja (het)	**Kambodža**	[kambodʒa]
Canada (het)	**Kanada**	[kanada]
Chili (het)	**Tšiili**	[tʃi:li]
China (het)	**Hiina**	[hi:na]
Colombia (het)	**Kolumbia**	[kolumbia]
Cuba (het)	**Kuuba**	[ku:ba]
Cyprus (het)	**Küpros**	[kʉpros]
Denemarken (het)	**Taani**	[ta:ni]
Dominicaanse Republiek (de)	**Dominikaani Vabariik**	[dominika:ni ʋabari:k]
Duitsland (het)	**Saksamaa**	[saksama:]
Ecuador (het)	**Ecuador**	[ekuador]
Egypte (het)	**Egiptus**	[egiptus]
Engeland (het)	**Inglismaa**	[inglisma:]
Estland (het)	**Eesti**	[e:sʲti]
Finland (het)	**Soome**	[so:me]
Frankrijk (het)	**Prantsusmaa**	[prantsusma:]
Frans-Polynesië	**Prantsuse Polüneesia**	[prantsuse polʉne:sia]
Georgië (het)	**Gruusia**	[gru:sia]
Ghana (het)	**Gaana**	[ga:na]
Griekenland (het)	**Kreeka**	[kre:ka]
Groot-Brittannië (het)	**Suurbritannia**	[su:rbritannia]
Haïti (het)	**Haiiti**	[hai:ti]
Hongarije (het)	**Ungari**	[ungari]
Ierland (het)	**Iirimaa**	[i:rima:]
IJsland (het)	**Island**	[islant]
India (het)	**India**	[india]
Indonesië (het)	**Indoneesia**	[indone:sia]

Irak (het)	**Iraak**	[ira:k]
Iran (het)	**Iraan**	[ira:n]
Israël (het)	**Iisrael**	[i:srael^j]
Italië (het)	**Itaalia**	[ita:lia]

100. Landen. Deel 2

Jamaica (het)	**Jamaika**	[jamaika]
Japan (het)	**Jaapan**	[ja:pan]
Jordanië (het)	**Jordaania**	[jorda:nia]
Kazakstan (het)	**Kasahstan**	[kasahs^jtan]
Kenia (het)	**Keenia**	[ke:nia]
Kirgizië (het)	**Kõrgõzstan**	[kɜrgɜs^jtan]
Koeweit (het)	**Kuveit**	[kuʋejt]
Kroatië (het)	**Kroaatia**	[kroa:tia]
Laos (het)	**Laos**	[laos]
Letland (het)	**Läti**	[l^jæti]
Libanon (het)	**Liibanon**	[li:banon]
Libië (het)	**Liibüa**	[li:bʉa]
Liechtenstein (het)	**Liechtenstein**	[lihtenʃtejn]
Litouwen (het)	**Leedu**	[le:du]
Luxemburg (het)	**Luxembourg**	[luksembourg]
Macedonië (het)	**Makedoonia**	[makedo:nia]
Madagaskar (het)	**Madagaskar**	[madagaskar]
Maleisië (het)	**Malaisia**	[malaisia]
Malta (het)	**Malta**	[mal^jta]
Marokko (het)	**Maroko**	[maroko]
Mexico (het)	**Mehhiko**	[mehhiko]
Moldavië (het)	**Moldova**	[mol^jdoʋa]
Monaco (het)	**Monaco**	[monako]
Mongolië (het)	**Mongoolia**	[mongo:lia]
Montenegro (het)	**Montenegro**	[montenegro]
Myanmar (het)	**Mjanma**	[mjanma]
Namibië (het)	**Namiibia**	[nami:bia]
Nederland (het)	**Madalmaad**	[madal^jma:t]
Nepal (het)	**Nepal**	[nepal^j]
Nieuw-Zeeland (het)	**Uus Meremaa**	[u:s merema:]
Noord-Korea (het)	**Põhja-Korea**	[pɜhja-korea]
Noorwegen (het)	**Norra**	[norra]
Oekraïne (het)	**Ukraina**	[ukraina]
Oezbekistan (het)	**Usbekistan**	[usbekis^jtan]
Oostenrijk (het)	**Austria**	[aus^jtria]

101. Landen. Deel 3

Pakistan (het)	**Pakistan**	[pakis^jtan]
Palestijnse autonomie (de)	**Palestiina autonoomia**	[pales^jti:na autono:mia]
Panama (het)	**Panama**	[panama]

Paraguay (het)	**Paraguai**	[paraguai]
Peru (het)	**Peruu**	[peru:]
Polen (het)	**Poola**	[po:la]
Portugal (het)	**Portugal**	[portugalʲ]
Roemenië (het)	**Rumeenia**	[rume:nia]
Rusland (het)	**Venemaa**	[ʋenema:]
Saoedi-Arabië (het)	**Saudi Araabia**	[saudi ara:bia]
Schotland (het)	**Šotimaa**	[ʃotima:]
Senegal (het)	**Senegal**	[senegalʲ]
Servië (het)	**Serbia**	[serbia]
Slovenië (het)	**Sloveenia**	[sloʋe:nia]
Slowakije (het)	**Slovakkia**	[sloʋakkia]
Spanje (het)	**Hispaania**	[hispa:nia]
Suriname (het)	**Suriname**	[suriname]
Syrië (het)	**Süüria**	[sʉ:ria]
Tadzjikistan (het)	**Tadžikistan**	[tadʒikisʲtan]
Taiwan (het)	**Taivan**	[taiʋan]
Tanzania (het)	**Tansaania**	[tansa:nia]
Tasmanië (het)	**Tasmaania**	[tasma:nia]
Thailand (het)	**Tai**	[tai]
Tsjechië (het)	**Tšehhia**	[tʃehhia]
Tunesië (het)	**Tuneesia**	[tune:sia]
Turkije (het)	**Türgi**	[tʉrgi]
Turkmenistan (het)	**Türkmenistan**	[tʉrkmenisʲtan]
Uruguay (het)	**Uruguai**	[uruguai]
Vaticaanstad (de)	**Vatikan**	[ʋatikan]
Venezuela (het)	**Venetsueela**	[ʋenetsue:la]
Verenigde Arabische Emiraten	**Araabia Ühendemiraadid**	[ara:bia ʉhendemira:dit]
Verenigde Staten van Amerika	**Ameerika Ühendriigid**	[ame:rika ʉhendri:git]
Vietnam (het)	**Vietnam**	[ʋietnam]
Wit-Rusland (het)	**Valgevenemaa**	[ʋalʲgeʋenema:]
Zanzibar (het)	**Sansibar**	[sansibar]
Zuid-Afrika (het)	**Lõuna-Aafrika Vabariik**	[lɜuna-a:frika ʋabari:k]
Zuid-Korea (het)	**Lõuna-Korea**	[lɜuna-korea]
Zweden (het)	**Rootsi**	[ro:tsi]
Zwitserland (het)	**Šveits**	[ʃʋejts]

www.ingramcontent.com/pod-product-compliance
Lightning Source LLC
Chambersburg PA
CBHW071502070426
42452CB00041B/2126
9781784924010